人力资源
从新手到高手

5年当上HRD的秘密

刘仕祥 ——

著

台海出版社

图书在版编目（CIP）数据

人力资源从新手到高手 / 刘仕祥著. -- 北京 ： 台海出版社，2021.3

ISBN 978-7-5168-2847-2

Ⅰ. ①人… Ⅱ. ①刘… Ⅲ. ①人力资源管理 Ⅳ. ①F243

中国版本图书馆CIP数据核字(2020)第246427号

人力资源从新手到高手

著　　者：刘仕祥

出 版 人：蔡　旭　　　　　　　　　　封面设计：Abook-Ashno
责任编辑：赵旭雯　　　　　　　　　　策划编辑：村　上　苟　敏

出版发行：台海出版社
地　　址：北京市东城区景山东街20号　　邮政编码：100009
电　　话：010-64041652（发行，邮购）
传　　真：010-84045799（总编室）
网　　址：http://www.taimeng.org.cn/thcbs/default.htm
E-mail：thcbs@126.com

经　　销：全国各地新华书店
印　　刷：唐山市铭诚印刷有限公司
本书如有破损、缺页、装订错误，请与本社联系调换

开　　本：710mm × 1000mm　　　　　1/16
字　　数：240千字　　　　　　　　　印　　张：17
版　　次：2021年3月第1版　　　　　印　　次：2021年3月第1次印刷
书　　号：ISBN 978-7-5168-2847-2

定　　价：46.00元

推荐序

　　刘仕祥所著的《人力资源从新手到高手》是一本好书，内容实用，可读性强，特别适合人力资源新手阅读。书中为新手们展示了一条晋升的路径。

　　全书分为三篇：基础篇讲述的主要是人力资源管理的一些基础性工作，如招聘、绩效考核、薪酬制定等；进阶篇讲述的主要是各项相关能力的提升，如写作、沟通、思维、劝说、当众讲话、员工关系处理、突发危机处理等能力的提升；登顶篇讲述的主要是一些整体方案的设计，如人才团队建设、胜任力管理、组织结构调整、企业文化落地、校园招聘、绩效管理、培训管理等方案的设计。从叙述方式看，一是善于用"故事"来说明观点，如开篇讲述HR工作的作用就从一家公司的故事说起；二是善于以浅白例子说明高深概念，如以买手机的例子说明底层思维；三是善于用亲身体验，给人亲切可信之感。本人相信，人力资源新手在阅读本书的过程中可以得到很多启示。

中国宝安集团原人力资源总监　张育新

序言

○
●
○
○
○

　　我在人力资源网上写作已经有五年多的时间，经常有HR问我：如何在HR领域快速成长起来，成为职场高手？

　　那么，是什么阻碍了人们成为高手？我曾经把这个问题抛给很多学员，他们给了我很多答案，答案最多的是以下几个：

　　因为他们不够努力；因为他们方法不对；因为他们只是假装很努力。

　　很多答案都指向了一点：那就是他们其实没有那么努力或者努力无效。

　　这些答案都对，总结起来就是：第一，没有动力，所以不够努力；第二，没有方向，所以努力无效；第三，方法不对，所以只是假装很努力。

　　那如何解决这些问题，让我们的成长加快呢？

　　要达到这个目的，你需要了解，什么样的HR才能在企业里获得最大的发展。其一般有三个方面的特质：

　　第一，专业能力强。能够通过专业能力解决业务痛点，为企业创造价值。

　　第二，情商高。能在企业里和各种人打好交道，获得领导和同事的认可。

　　第三，迁移技能强。迁移技能就是在各个岗位都能用到的技能。例如沟通能力、写作能力等。

　　如果一个HR能在以上三方面的水平都达到较高的层级，那他一定是一个厉害的HR。

　　如何在这三方面都让你自己得到精进？可以采取以下三个步骤：

　　第一，选定你要学习的领域，逐个突破。

　　如果你要让你的学习有快速的突破，那你就要先专注于一个模块。毕竟你现在工作时间不长。你可以先从你目前所做的模块开始。例如招聘模块。

第二，构建HR各个模块系统的知识结构。

你要成为这个模块的行家，就必须全面掌握这些知识，并且能够熟练地运用。

第三，制订学习计划，采取大量的行动去学习。

你有了学习的目标，那接下来就可以制订学习计划了。学习计划的制订，最好采用聚焦突破的方法。也就是一段时间内，集中学习一样知识，这样可以让你快速突破。

对于想快速成长的HR来说，有了精进的方法，还要有相应的知识体系。绝大多数HR花了很多时间去学习专业知识，可是效果一般，因为大部分人是碎片化的学习。比如，专业能力很强，但其他能力一般。这会让你的成长变得很慢。

我曾经出版过一本人力资源管理书籍，出这本书的初衷，是想把我自己个人的人力资源实操经验分享给大家。这本书出版后，深受大家的欢迎。但这本书只能满足大家对人力资源基础实操的需求，于是，我想继续出版一本关于人力资源管理高阶的书籍。这本书既有我对人力资源管理更前沿的思考，也有HR综合能力进阶的模块。

我不是人力资源管理专家，只是"用家"，我希望将用过的一些先进的人力资源管理工具/方法等分享给大家，这样大家更容易理解，并融入你自己的实际工作中。

期待本书中的HR成长故事及人力资源管理工具、方法能够对你的个人成长有所帮助。愿每一位有缘读到这本书的朋友，职业发展能够变得更好！

感谢所有支持我的朋友，由于篇幅的原因，你们的名字在这里不能一一列举。感恩生命中遇到的每一个人，希望这本书能够成为我们相识的桥梁。

刘仕祥

目录

○
●
○
○
○

Part 1：基础篇

Part 2：进阶篇

Part3：登顶篇

Part 1:

基础篇

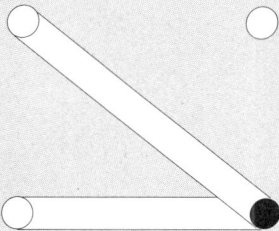

专业：一个专业的HR，对企业发展有多重要

有一个同学找到我，说他朋友开了一家公司，由于刚创办不久，人力资源管理组织极其不完善，甚至公司里负责招聘的同事才刚刚毕业半年。

企业本来想着省点钱，没想到，却捅了个大娄子。

原来，一位离职员工对公司提起诉讼，要求公司给予两倍的工资赔偿，补缴社保、公积金，补发加班费以及补休年假。

我看了同学发来的律师函，发现这里面很多竟然都是正常的诉求。

比如，公司没有依法缴纳社保、公积金，员工要求补缴。还有员工工作满一年没有休过年假，这个诉求也可以理解。但有一点，公司竟然没有和员工签署正常的劳动合同。

我仔细查看后发现，这名员工于2018年3月入职，入职后却没有签署劳动合同。直到2019年1月，公司HR才让该员工补签了劳动合同，因此，劳动合同上的入职时间显示是2019年1月。

如果HR能将入职时间写为2018年3月，或许，公司将不会那么被动。更要命的是，HR在给员工开的离职证明上，明确撰写了2018年3月到2019年1月期间没有签订劳动合同。

在这件事情上，HR肯定要承担责任。为什么？有这么多劳动争议风险，该公司HR竟然全然不知，在后期的问题处理上，更是没有显现出一点儿职业素养。

一位不专业的HR，除了会让公司吃官司，还会让公司难以发展壮大。如果公司想有所发展，那就需要一个专业的HR。

怎样才算是专业的HR？

我们首先来看这样一个案例。

有两个销售A和B，为了提升业绩，领导分别给他们交代了一个任务——出去收集客户的名片，谁收集的名片多，谁就有奖励。

于是，两个销售出发了。

销售A出门后，逢人就要名片，甚至直接跟人明说自己在比赛。通过种种方法，他收集了近100张名片。

销售B出门后，并没有急着去收集名片，他来到选定的写字楼前，静静地等待技术人员下班。刚开始，他向技术人员说明了来意，可很多技术人员都没有名片，他就改成了留姓名和电话。一个下午过去了，他收到了20多位技术人员的联系方式。

第二天一大早，他们回到公司向领导汇报业绩。

销售A拿出了一大堆名片给领导，而销售B则拿出了一张纸递给领导。

销售A一看，认为自己赢定了，而销售B也沉着淡定，一点儿没为自己的成绩而懊恼。

领导仔细看了看销售A收集的名片，发现上面都是一些销售人员，而销售B的名单却都是公司产品潜在的客户群体。

所以，领导判定销售B获胜。

对比销售A和销售B的表现，就是非专业和专业的区别。

所有的专业，都是为了更好地解决问题。如果你不能更好地解决领导和企业的问题，那你就无所谓专业可言。

所以，回到上面的问题，怎样才是一个专业的HR？

在我看来，用一句话概括就是：能更好地解决人力资源管理问题的HR，才是专业的HR。

HR如何提升专业性？

既然作为一名专业的HR，要能更好地解决人力资源管理问题。那么作为一名HR该从哪些方面提升专业性呢？我认为有以下三个方面可以借鉴学习：

一、基本素养

（1）对专业知识的掌握

人力资源的六大模块：规划、招聘、绩效、薪酬、培训、员工关系，这些模块的基础知识，你都要掌握。如果你只掌握某一模块的知识，那你就要试着不断学习，并熟练运用这一模块的方法、技巧。

（2）其他跨学科知识

除了专业知识要掌握，你还必须有公司所在行业的相关专业知识的储备。你还要对组织行为、管理学、心理学、相关法律法规进行系统学习。

（3）行业、企业相关知识

你要掌握公司所在行业的相关知识，了解这个行业内的领头羊、未来趋势、商业模式、人才特点、人才分布、营销模式等。

对于你所在的企业，你要了解它的规模、岗位、产品、团队、面临的问题和机会等。

（4）人力资源管理前沿的问题和技术

随着社会的发展，人力资源行业涌现出了很多前沿的管理方法，譬如，股权激励、OD（组织发展）、OKR（目标和关键成果法）、现代企业薪酬设计、持股计划、知识型员工激励等。掌握这些方法，有助于提升你的专业性。

二、业务操作

常规模块工作要标准化、流程化。

作为一名HR，将日常事务性的工作流程化，可以提升你的工作效率。

譬如，有一个学员曾问我，他们公司新员工非常多，每个月HR总要去问部门主管哪些员工可以转正。最近，公司领导觉得这个流程太过于随意，不够规范。领导希望这位学员为公司HR提供一个行之有效的工作流程。

我告诉他，员工是否转正，需要有客观的评定标准。所以，新员工转正需要配备有试用期工作总结、试用期的绩效，再附上转正申请表，这个流程就标准化了。

果然，他按照我提出的意见做了规划，得到了领导的认可。

其实，HR的工作想要显得专业化，除了自身素质，你的操作也需要十分专业。

三、依照底层逻辑思维去做事

底层逻辑思维指我们在思考问题时的第一个核心切入点，当你围绕着底层逻辑思考时，你才能找出你真实的动机。

我为大家举一个简单的例子，以便能让大家更好地理解这种思维逻辑。譬如，你打算买一部手机，你的理由可能如下：

（1）想要追赶流行趋势；

（2）现在的手机无法使用；

（3）需要一部备用手机；

（4）送给男/女朋友。

这些都是你购买手机的理由，那么其中到底哪一个才是你的底层逻辑思维呢？

如果有人送一部手机给你，你当即就决定不买手机了，那么，以上四条都有可能成为你的理由。

那么，假若你的手机坏了，有人要送你手机呢？那你的购买理由肯定是第（2）条，这就是你的底层逻辑思维。

遵照你的底层逻辑思维去做事，你才会更加专业。

作为HR，做好工作的底层逻辑思维应该有哪些呢？

我认为，最少应该具备以下三种：

一、战略支撑思维

这是成为一名"战略性人力资源管理师"的必然要求。在实际工作中，HR要主动去了解公司未来的发展战略，知晓公司当前的行业地位，结合公司的团队现状、业务发展情况、人才存量等信息，提出一揽子"选育用留"的人力资源规划。

HR做任何工作，都要时刻围绕"战略支撑"这一个支点，那你的工作才会显示出专业价值。

二、业务发展思维

每一个公司战略的实现，都离不开业务的发展。"战略支撑"的一个核心支点就是"业务发展"。因此，HR还要有业务发展思维。

现在许多公司都开始搭建"三支柱体系"，其本质还是为了能够支持公司业务的发展。但即使公司没有"三支柱体系"，你也应该具备业务发展思维。

只有这样想，你的工作才能得到业务部门的支持，你的专业性才会得到业务部门的认可。

三、解决问题思维

一个HR所有的工作，其本质都归为一种，那就是解决企业人力资源管理的相关问题。

这跟我们之前提到的专业性是有关联的，我同学朋友公司的HR，不能帮助公司解决劳动争议，表面上看，是其专业知识（劳动法知识）匮乏，深层次原因是她并不具备解决问题的思维。

为什么这么说？因为她不清楚她所在的岗位需要帮助公司解决什么具体

问题。如果她知道，她肯定会去接触相关的劳动法知识，从而让自己具备这项能力。

　　这三种思维，其实是环环相扣的。作为一个HR，如果你要帮助企业实现战略目标，那你就要解决业务部门发展过程中的人力资源管理问题。

　　而要提高你解决问题的能力，最根本的还是要提升你的专业性。

系统：如何系统地搭建招聘体系，提升招聘效率

系统地搭建招聘体系，无非就是做好七个管理——招聘需求管理、招聘渠道管理、招聘广告管理、应聘者管理、面试流程管理、面试官管理、应聘者跟踪管理。如果你能够做好这七个管理，那你的招聘效率就会大大提升。

一、招聘需求管理

招聘需求一般由用人部门提出，公司管理层批准后执行。HR执行招聘计划的唯一依据就是招聘需求。

凡是招聘，都应符合公司的招聘流程，确定需求后，再进行招聘。很多HR往往没有跟公司领导确定好需求，就贸然开始招聘，最终却只能无奈劝退。要避免此类事情一再上演，HR就必须做好招聘需求管理。

如何做好招聘需求管理呢？HR能做的，就是与用人部门沟通好该岗位是否需要招聘，以及协助上级领导做好决策。

每当出现一个空缺职位，都要分析它在整个公司中发挥的作用。HR要花时间研究是不是需要对其进行一些调整，使该岗位更能发挥效用。

HR首先应明确公司的目标是否有变化，该工作岗位是否已经失去了原有的作用。询问其他部门对该工作岗位的期望，这些期望是否都得到了满足。

你需要设想一下，该工作需要的知识水平和技能，看是否可能通过本次招聘为公司注入新知识、新技能。还要考虑该工作是否需要较强的沟通技巧，比如是否需要与客户或其他部门密切联系。并非所有空缺岗位都需要填补，毕竟

在千变万化的商业环境中对某一岗位的需要可能只是暂时的。

HR要分析，岗位空缺出来后，是否一定要填补？如果一定要填补，那就要考虑招聘渠道的问题了。

二、招聘渠道管理

HR一旦确定好招聘需求，就要确定去哪些渠道进行招聘。招聘渠道主要分为内部渠道和外部渠道。

HR在接到招聘需求的时侯，要与用人部门沟通，这个岗位在内部是否有人可以填补。其实许多公司都鼓励这种做法，有些公司在向外刊登招聘广告之前会先选择在内部招聘。面试内部应聘者要容易得多，因为他们已经熟悉公司的基本情况，但也要考虑他们是否适合现在的工作。

另外，内部招聘并不能降低总费用。一旦内部的人来填补这一岗位，他原来的岗位就需要填补。相对来说，这样的做法可能会降低招聘的难度，从而提升招聘效率。比如，一家公司要招聘采购文员，这个文员需要对公司的产品等很熟悉，如果从外部招聘，可能会比较难，但是如果从生产部调一个文员过来，再从外部招聘一个生产文员，可能相对来说简单一些。

总之，做好招聘渠道的管理，不是要你选择最好的渠道，而是要你选择最适合而且能最快速补充应聘者的渠道。

三、招聘广告管理

无论是利用内部招聘渠道还是外部招聘渠道，每家公司都需要设计招聘广告。招聘广告的作用，是吸引更多的求职者前来应聘。

一则好的招聘广告应该囊括公司的描述、公司的福利、岗位职责、岗位要求、岗位待遇等必备信息。

关于公司的描述应包括公司的成立时间、股东背景、规模大小、核心优势等。公司的福利则应该包括五险一金、休息时间、其他补贴等必备信息。这些都是面向应聘者的吸引要素。

至于岗位职责，公司需在工作岗位描述中将其职责和任务具体化。HR在编写岗位描述时，描述要准确，切勿淡化实际工作中的困难，这样才能将正确的信息传达给应聘者，以便找到满意的人选，避免误会的发生。描述主要职责时，要将业绩要求具体化。

在岗位要求方面，HR应清晰描述理想的招聘人选所具备的条件，可以将其分成不同模块，逐一考虑。如证书、性格特点、特殊能力，以及智力和情感因素。

在岗位待遇方面，HR应查看同类企业类似工作岗位的薪资水平，以便更好地展开招聘。

总之，打好招聘广告，是吸引求职者前来求职的首要条件。

四、应聘者管理

作为一名优秀的HR，做好应聘者的管理是一件十分重要的事。作为一名优秀的招聘HR，请一定要做好以下几个方面的应聘者管理工作：

（1）应聘者的简历一定要下载保存，并做好记录

很多HR给应聘者打电话，发现不合适，就接着联系下一个应聘者了。其实，这有可能浪费了一份好简历。你跟他联系那么久，现在不合适，说不定将来有适合他的岗位。所以，所有简历都要下载保存，分类管理。

（2）做好电话沟通的记录

请制作一份表格，记录你和每位应聘者聊天的要点：应聘者提的条件，以及岗位的匹配度，记录下来，方便你随时查看。

（3）做好应聘者面试记录

记录面试的具体情况。譬如当天的面试状况、应聘者提出的薪资条件等，做到能够随时掌握应聘者的面试情况。

综上所述，你一定要学会管理应聘者的相关资料，才能做到心中有数。

五、面试流程管理

现在是双向选择的时代，企业可以选择员工，员工也能选择企业，而面试流程就是企业给应聘者的第一印象。

在面试之前，HR要设计好面试的流程。

应聘者过来时，前台要起立，欢迎应聘者前来面试。然后按步骤询问面试的岗位，做好应聘登记。之后，前台应该请应聘者到相应的办公室等候下一步的通知。前台通知面试官面试。此时，HR要做好应聘者的招待工作——按照公司的面试流程，做好笔试等工作。

在这个过程中，不要让应聘者等候太长时间，如果需要二次面试，HR应尽快和应聘者沟通妥当。在面试结束后，告知应聘者下一步的计划安排。送应聘者离开公司。

当然，这些只是基本流程，中间会有很多细节，需要大家自己去设计完善。

六、面试官管理

对于面试官的管理，是很重要的一件事。如果面试官工作能力不达标，就根本无法考察出应聘者的真实水平。

而且，高水平的面试官，也是吸引应聘者入职的一个重要因素。如果面试官不专业，有可能会失去一个不错的应聘者。

所以，企业在招聘之前，一定要做好面试官的培训工作，让面试官知道该聊什么、怎么聊。

七、应聘者跟踪管理

就算前面所有的环节都完成了，但如果没有跟踪应聘者，也有可能与优秀人才失之交臂。

当然，建立应聘者跟踪管理系统，不仅仅是跟踪应聘者，还要做好应聘者的入职管理、背景调查等方面的工作。

（1）入职管理

应聘者在确定入职后，HR的工作效率就一定要高，能今天走完入职流程，就不要拖到明天；能让他今天入职，就不要拖到明天。这也是提高招聘效率的一个重要方面。

（2）背景调查

背景调查尽量要在征求应聘者的同意之后再实施，因为有些应聘者尚未完全离职，可能就很尴尬。何时可以开始，就要多问问应聘者的意见，以免节外生枝。

（3）维护好应聘者

有些应聘者可能一段时间之后才能正式入职，这个时候，你需要提前做一些准备工作，譬如，可以让他提交一些必需的入职资料。一般完成了这些工作后，应聘者的违约概率会大大降低。

以上就是一些招聘工作中的基本要点。我相信你只要完成了这些工作，你的招聘效率一定会有所提升！

简历：如何评估一份简历

正确评估一份简历，一方面可以有效降低企业的招聘风险；另一方面可以提高HR办事的效率。如果HR功底不够强，那可能会邀约一些不合格的应聘者过来面试。能够准确评估一份简历，无论是对HR，还是对企业，都非常重要。

简历筛选的标准

要评估一位应聘者是否值得被邀约过来面试，这里面筛选的标准有以下几个方面（详见表1-1）。

表1-1　简历筛选标准

评估项目	加分标准	通过标准	待定标准	排除标准
简历格式	内容翔实，逻辑通顺，重点突出，自我评价具体，职责和贡献描述完整	内容翔实，条理清晰	简历描述太过简单，需更新	逻辑混乱，语句不通顺，错别字满篇
求职意向	有明确的求职意向，工资期望符合公司要求	有明确的求职意向	有明确的求职意向，工资期望远超过公司规定的范围	没有明确的求职意向，工资期望超过公司规定的范围很多

评估项目	加分标准	通过标准	待定标准	排除标准
工作经验	符合职位要求	基本符合职位要求	经验偏少但产品相关可培养	与岗位要求差别较大
行业背景	同一行业连续性背景2年以上	2年同行业背景	1年同行业背景	无相关行业背景
产品/项目背景	具有竞争对手产品及项目经验	产品经验相关度60%		不具备相关产品经验
工作连续性、稳定性	工作经历完整,无空当期,工作稳定性高,能在一家公司工作3年以上,基本不跳槽	工作经历完整,无空当期	有空当期,但是解释合理,稳定性还可以	频繁跳槽,单位平均司龄少于1年
教育背景	全日制本科及以上	全日制大专院校及非全日制本科		中专、高中院校
专业	完全符合职位要求	从属大类符合要求	不符合要求,但综合素质优异	完全不相关专业
技能描述	80%以上符合职位要求	60%符合职位要求		与职位要求不相关

我通常将一份简历的评估标准分成四大类:加分标准、通过标准、待定标准、排除标准。

符合加分标准,说明这份简历是非常优秀的简历,这个首选人值得你重点关注和邀约。

符合通过标准，说明这份简历是一份合格的简历，符合岗位各方面的要求，也可以被邀约过来面试。

符合待定标准，说明这份简历体现出来的内容存在很多瑕疵，在应聘者充足的情况下，一般不考虑这样的简历，但如果应聘者不足，可以约来面试。

符合排除标准，说明这份简历完全不符合岗位要求，可以把这份简历放进排除库。

该如何评估这份简历达到哪一级标准呢？你可以按照以下步骤来做好筛选：

步骤一：通观简历格式

拿到一份简历之后，你先浏览一下这份简历的格式，然后大概了解这份简历的内容是否翔实、逻辑是否通顺、个人经历是否完整、工作职责和贡献描述是否完整等。

步骤二：判断职业规划是否符合岗位要求

这一步非常重要，在简历中，你要查看求职者应聘的岗位是否与招聘岗位匹配。譬如，招聘的岗位工资只能给5000元，但对方的期望是10000元，这就明显不适合。

步骤三：判断工作经验、行业背景是否对口

工作经验是判断一个人是否胜任工作的一项重要因素，主要是看他过往的工作经验跟招聘岗位是否匹配，匹配度越高，说明就越能胜任。

行业经验方面，要看他是否一直从事同一个行业，一般来说，优先招聘有相同行业经验的员工，比如，你从事房地产行业，就优先录取有房地产行业经验的员工。

步骤四：判断是否有相关项目或者产品背景

如果应聘者有参与公司类似产品的工作经验，工作起来就比较容易上手。

这类应聘者往往比较优秀。那些不具备相关背景的，可以作为候选。

步骤五：判断工作的连续性和稳定性

如果他的工作经验、行业背景、项目背景都满足了，接下来就要判断应聘者的工作连续性和稳定性。

一般来说，判断的标准有以下两个方面：第一，应聘者的工作经历是否有断档；第二，应聘者是否跳槽频繁。一般来说，一个人了解一个行业，至少要从事两年以上相关工作。

步骤六：判断教育背景

判断其教育背景是否符合岗位要求，主要看学历和专业是否对口。关注其学历时，需要着重关注他的学历是否为全日制。如果你们公司比较看重学历，这点要特别关注。

步骤七：判断技能是否符合岗位要求

有些岗位需要资格证书，例如，会计一定需要会计从业资格证，而法务则需要通过司法考试。

通过以上七大步骤的判断，你就可以做好简历的评估。根据以上步骤，做好简历的分类，可以分为A、B、C三类：

A类是非常适合的简历，可以第一时间约过来面试；

B类是基本适合的简历，如果没有招聘到合适的人才，可以约这类应聘者过来面试；

C类简历是暂时不合适的简历，可以先存放在公司简历库，方便日后有需要时联系。

评估简历，有以下几点需要特别注意：

（1）寻找不一致的地方

工作经验前后不一致。比如，以前一直做专员，后突然提拔到总监，这么大跨度的职业发展，需要特别注意。当然不排除有这种情况，这个需要记下来，在面试的时候问清楚。

以前的工作岗位与现在求职岗位的不一致。比如，以前从事人力资源管理，现在转型做市场营销，这种转变需要注意。

个人经验和薪资水平的不一致。薪资期望过高或过低都有问题。比如，一个工作经验为一年的人，工资要求10000万元以上；或者一位总监，工资却要求几千元。这种不合理的薪资期望，HR要了解清楚求职者的动机。你可以标注下来，在面试的时候，考察清楚，再做决定。

（2）重点关注求职者的工作经历和业绩

任何求职者都不是完美的。比如，有能力的求职者，有可能学历不行。这时候，你要重点关注求职者的工作经历和业绩，如果都不错，也可以约过来面试。

（3）关注求职者在每家公司的工作时长

也许求职者在一些公司的工作时间比较短，你就要了解清楚这背后的原因，为后期的面试决策做准备。

面试：HR"小白"如何面试行业"大牛"

面试是一场资历的较量，双方都在用经验刺探对方的软肋，试图占得上风。当双方资历悬殊，占优的一方必然会有轻视的情绪，特别是那些行业"大牛"。

虽为HR"小白"，但面对行业"大牛"，你也不必未战先怯。原因有三：

（1）你和他各有擅长，互有优劣。

你的职位是HR，而应聘者的工作可能是销售、生产、市场等。闻道有先后，术业有专攻，他擅长的领域是他所在的专业，而在人力资源招聘领域，他或许没有你那么专业，所以你根本没必要拿你的短处（资历浅）和他的长处（资历深）来对比。

（2）HR和求职者有着共同利益，又何怕他瞧不起。

你的职责是招聘到合适的人选，而求职者的目的是找到合适的工作，因此你们的利益有着交集。从谈判的角度看，只要双方利益有交集，就一定有达成一致的可能，毕竟你拥有一票否决权。

很多求职者之所以不想让年轻的HR面试，其实是怕你经验不足，看不到他们的真实能力。

在面试的时候，你要试着打消他们这方面的顾虑，准确把握他们的诉求，并及时安排下一轮复试。

（3）新人面试行业"大牛"是合适的。

当然，很多公司规定，高级别人才都会由HR主管以上的人员进行第一轮面试。但是，对于那些没有完整人事框架的公司，如果招聘人员是新人，由新人面试也是合适的。

第一轮面试大多只是初步摸清应聘者的基本情况，如果没有较大的出入，一般都会推荐复试。

但也有行业"大牛"不屑与新人沟通。作为一名HR新人，你该怎么办呢？我有以下三个建议：

一、建立专业可行的面试流程，提高面试执行力

（1）和求职者约好时间后，要及时发放面试通知书。面试通知书虽小，但也能体现你的专业性。把公司详尽的信息，如地址、交通方式等准确告诉对方。

（2）面试的前一天，你可以给求职者发一个面试提醒，拉近你与对方之间的距离。

（3）临近面试的时候，可以给求职者打电话，询问对方是否能按时抵达。

（4）当求职者来公司后，可亲自接待，切忌一切丢给前台。

（5）切忌让求职者久等，应在求职者登记相关资料后，及时开始面试。很多求职者的怨气，其实源于长时间的等待。

二、建立系统的面试问题体系

你与行业"大牛"沟通不畅的原因，一般体现在以下几个方面：

（1）问题凌乱，没有逻辑

有些HR在面试时，提问往往没有目的性，会比较随意。

"请问你离开上一家公司的原因是什么？"求职者回答之后，你又问："你可以说说你的优缺点吗？"求职者再度回答后，你继续提问："我想了解一下你离开第二家公司的原因是什么？"这种提问方式，会让求职者很崩溃，也会让他觉得你可能缺乏工作经验。

如何让你的提问变得有逻辑呢？

首先，你可以问他一些很简单的问题，如：今天是怎么来的、感觉如何等。以此缓和紧张气氛，切入面试。

其次，了解员工基本情况，譬如家庭、未来职业规划等。

再次，你可以针对求职者的经历，询问求职者对公司的期待，看看他是否适合公司的企业文化等。

聊完这些后，相信你已经可以基本判断他是否可以进入下一轮面试，你就可以为下一轮做准备了。

（2）问题简单，没有深度

如果你问的问题过于简单，那也很可能会遭到求职者的轻视。比如，"你喜欢加班吗？"这个问题，求职者要么回答"喜欢"，要么回答"不喜欢"，但大部分求职者都会回答"还可以"。这种封闭式的问题，往往都没有提问的价值。

那如果要问关于加班的问题，该如何提问？

你可以选择用开放式的提问方式，比如"谈谈你对加班的看法"。虽然求职者会提前准备答案，但是，你至少给了一定的发挥空间。

（3）不懂业务，鸡同鸭讲

作为第一轮面试，其实不应该问关于业务的问题。但是真正让求职者尊重的HR，其实是让他知道——你懂业务。

如果你对业务不了解，可以在业务部门面试的时候，去旁听一下，把业务部门面试的问题记下来。之后，面试的时候，你可以将这些问题提出来，就能让求职者对你另眼相看。

三、以朋友的姿态去沟通

最好的面试，不是让你和求职者坐在对立面，而是通过沟通，了解他是否适合这个岗位。

如果求职者是"大牛"，那你最好能以朋友的姿态去和求职者沟通。没有人会拒绝朋友。那如何才能和"大牛"成朋友关系呢？

最好的办法，是让求职者有信任感。要制造信任感，让行业"大牛"愿意与你分享，有以下的步骤：

（1）熟悉行业"大牛"的爱好习惯。当你打算面试"大牛"时，你应该事先大概了解这位"大牛"的身份、兴趣、爱好等。

（2）制造信任感。面试"大牛"，首先要让对方感受到你的信任。譬如，要适时地展示你对对方喜好的掌握情况。

（3）建立联系。这是跟"大牛"沟通的关键一步。与应聘者沟通时，一定要时刻寻找与对方的交集。有交集是建立联系的重点。

（4）影响对方。当你和对方建立了联系，你就能够影响对方，从而达到你想要的面试沟通目的。

识人：如何提升识人能力，帮助公司招聘到合适的人才

面试的根本目的，就是使用各种面试方法和工具，识别应聘者是否符合招聘岗位的要求，帮助公司招聘到合适的人才。

而做到这些，则需要依靠面试官的识人能力。面试官识人能力的高低，决定了他能否识别出应聘者的真实才能。

所以，提高面试官的识人能力，对帮助公司招聘到合适的人才非常有必要。

提高识人能力，需要从以下五个方面来展开：

一、把控面试流程

一个完整的面试流程，详见表1-2。

表1-2　面试流程

顺序	主题	任务	时间分配
1	寒暄	握手，自我介绍，欢迎应聘者，并核对是否是约见的人，谈一些简单的问题，如天气、来公司的路途是否顺利等。简介面试程序	约3分钟
2	介绍职位	介绍公司的概况及本职位的情况	约5分钟
3	聊简历	探询简历上的疑点	约10分钟
4	行为面试	通过问询工作中的实例，收集实际行为表现	约20分钟

顺序	主题	任务	时间分配
5	求职者提问	请应聘者提问想要了解的问题，在职责权限内予以解答	约5分钟
6	感谢求职者	说明下一步的程序和时间，真诚地感谢应聘者	约1分钟
7	做记录	在见下一个应聘者之前，把面试记录做完整	约5分钟

二、做好核实面试

接下来，要核实求职者的个人背景，主要包括以下几点：

· 学历、户口

· 工作经历、职位发展及具体时间

· 与工作相关的组织结构图

· 具体职责

· 离职原因

· 应聘动机与期望薪水

核实时间大约用到整个面试时间的30%。

要了解求职者的背景，还可以运用以下问题（详见表1-3）。

表1-3　考察背景面试题

重点考察维度	问题示例	目的
个人信息	请你做一个1～3分钟的自我介绍	是否与简历描述一致？表达是否逻辑通顺、有条理、有重点
家庭情况	目前住址在哪里？距离我们公司交通多长时间？家里有几个小孩	侧面了解稳定性及个人经济情况
	未来工作地点是如何考虑的	了解求职关注点，侧面了解稳定性

续表

重点考察维度	问题示例	目的
教育背景	你是哪一年毕业的？是全日制教育吗（是参加统一高考入学的吗？是文科还是理科？高考分数多少）	根据回答问题的反应速度及表情判断是否真实作答
离职原因	你上一家公司的入职离职时间是什么时候？上一家公司有哪些你不满意的地方	了解离职原因。如薪资，了解我司职位是否符合。了解其流动性及价值观，核对工作经历的完整性、真实性
求职动机	下一份工作最看重什么？（薪资/行业/公司前景/工作氛围/企业文化/是否加班）	了解期望值，一般是综合因素，判断其主要的2～3个关注点，我们公司是否能够提供？判断其是否能够稳定地长期发展

三、做好素质面试

素质面试由HR主导，主要考察应聘者的求职动机、个性特征、素质能力等是否符合公司招聘岗位要求。

面试过程可以采用以下技巧：

（1）询问以个性品质、能力为基础的问题；

（2）用过去的工作事例预测将来的工作方式、业绩；

（3）根据STAR原则，询问完整行为事例；

（4）总结已有的资质并分类、分级。

面试时间占整个面试时间的50%。

要了解求职者的素质，可以运用以下的面试题（详见表1-4）。

表1-4　素质面试题

重点考察维度	问题示例	目的
主动性	上一份工作中，你都干了哪些有助于你提高工作创造性的事情	考察是否有主动解决问题的意识
责任心	在过去的工作中，你是否在工作中提过改进意见？如有，请举例说明	发现问题能否积极处理
成就导向	谈谈你以往职业生涯中令你有成就感的几件事，并说说你有什么感受	考察做事是否有目标感，同时，是如何实现的
学习与创新	你是怎样有意识地提高自己的工作技能、知识和能力的？你用什么办法来达到这一目的 你在上一家公司最大的收获是什么 请分享一下给你印象最深的一本书的心得体会 你近期有没有什么培训或学习计划	考察如何通过学习来提升工作效率
客户导向	很多人都把客户服务的重点放到处理客户投诉上，你认为这种策略的问题是什么	是否有为客户考虑的意识
沟通协调	我想知道你曾经遇到的最有挑战性的沟通方面的问题。你为什么认为那次经历对你最富有挑战性，你是怎样应对的 同时有几个维修点机器坏了，客户找到你，你会怎么处理	考察沟通协调能力

续表

重点考察维度	问题示例	目的
人际关系	遇到陌生客户，你一般会通过什么方式与他取得联系 你是如何去与他们逐步建立关系的，这个过程中你会做哪些工作	考察人际关系建立能力
影响力	在与客户谈判过程中，客户对比竞争品牌的价格、服务，感觉我司品牌在整体上处于劣势，你将会如何处理	考察应聘者能否主动引导客户，转变客户旧有的产品认知，接受新的产品；让客户认同自己的观点，给出肯定回答
行业理解	你对我们这个行业有了解吗？你的理解是什么	考察应聘者是否有主动了解这个行业
职业规划	未来3～5年你的职业规划是什么	考察应聘者的工作稳定性
自我评价	请用3～5个形容词描述一下你在他人（主管领导/同学/朋友）心中的印象/评价	考察应聘者的自信心、自我认识
其他	平时周末或下班的时间是怎么安排的？有什么活动？有哪些兴趣爱好？这些爱好会占用你多少业余时间	考察应聘者的时间管理、个人发展潜力等

四、做好专业面试

专业面试一般由用人部门主导。在这个环节主要是对应聘者个人素质和业务技能进行考核，重点在于岗位适应性和专业技能。考察的范围如下（详见表1-5）。

表1-5　专业面试题库

模块	考察项	题库
业务能力	专业背景匹配度	请详细描述你的工作职责和流程是怎样的
	专业知识匹配度	介绍一下自己在专业方面最熟悉的领域是什么
	专业技能匹配度	请画一个你最熟悉的电源拓扑图，并解释其优缺点（理工应聘者）
	从业经验匹配度	介绍一下你最成功的项目设计思路。项目开发背景？人员分工及职责？期间发现了什么问题？怎么解决的？你自己的贡献与思考
	工作成果	你的工作最大的成就是什么？是如何获得的
业务素质	职业兴趣匹配度	你最感兴趣的是哪方面 你为什么喜欢这个工作 请讲一下你未来3～5年的职业规划是怎样的
	团队合作	请描述一次跨部门合作发生冲突的案例

五、面试技巧提升

为了能够提升面试的成功率，提升识人的能力，在面试的过程中，需要注意以下几点：

（1）多倾听，少发表意见

在面试的过程中，要和求职者保持目光接触并仔细聆听。把70%的时间留给应聘者发言，应聘者讲得越多，ＨＲ得到的信息就越多。避免对应聘者的回答发表个人意见。

（2）面试过程中要做好记录

面试过程中，求职者回答的内容会很多，因此面试官需要随时做好记录，以备后期了解求职者表达的内容。

（3）核实是否遗漏问题

在面试快结束的时候，要核实是否有遗漏的问题，你对求职者的疑问是否已经了解清楚等。

面试结束后，应该及时填写面试意见。

（4）关注其非语言行为

除了问对问题之外，HR还要学会识别求职者的非语言行为。因为语言可能撒谎，但是非语言行为却很难撒谎。

非语言行为所代表的含义如下（详见表1-6）。

表1-6　非语言行为

序号	非语言行为	可能代表的含义
1	不做目光接触	紧张、害怕、说谎、不自信
2	咬嘴唇	紧张、害怕、焦虑
3	攥紧拳头	防卫、进攻、抗拒
4	懒散地坐在椅子上	不尊重、不重视
5	身体前倾	自信、感兴趣、重视
6	摸头、摸鼻子	撒谎、找借口、心虚
7	双掌合并	自信、果断
8	目光接触	自信、放松、自然
9	眼睛向右上方撇	回忆
10	眼睛向左上方撇	编造
11	假笑	心虚

提问：面试就是随便聊聊天？错了！你该这样问问题

作为面试官，核心目标就是帮助公司招聘到最适合的人才，因此，面试官的专业性很重要。你没有掌握专业的面试工具和提问技巧，你就很难达到这个目标。很多面试官在求职者面前，随便问问题，表面上聊得很好，但其实问的都是无关的废话，很难达到面试的目的。

问问题，不同的问法，效果会完全不同。

那作为面试官，该怎样问问题呢？

一、要问与他的工作行为相关的问题

想要提升面试技能，其实，只要掌握"STAR"行为面试法即可。行为面试法是通过要求面试对象描述其过去某个工作或者生活经历的具体情况来了解面试对象各方面素质特征的方法。行为面试法的基本假设是：根据一个人过去的行为可以预测这个人将来的行为。

"STAR"是由四个英文字母的首个字母组成的。也就是背景（situation）、任务（task）、行动（action）、结果（result）。

·S：回答工作业绩取得的背景（situation）。

·T：回答为了完成业务工作，都有哪些工作任务（task），每项任务的具体内容是什么。

·A：回答为了完成这些任务所采取的行动（action），即了解他是如何完成工作的，都采取了哪些行动，所采取的行动是如何帮助他完成工作的。

·R：回答每项任务取得的结果（result）。

行为面试法一般会先问一个问题，比如，能否谈谈你过往最有成就感的一件事情是什么？

这时，求职者可能会回答：我最有成就感的事情是，在大学的时候，曾经在一家公司实习，做销售，获得了该公司销售业绩前十。

这时，你需要通过一系列问题，来追问求职者，如"这件事情发生在什么时候？""您当时是怎样思考的？""在这个过程中，你有遇到什么困难吗？""为此您采取了什么措施来解决这个问题？"等。

STAR原则是面试过程中涉及实质性内容的谈话程序，任何有效的面试都必须遵循这个程序。

二、要问与他的工作经历相关的问题

拿到求职者的简历后，其他先不看，先看他的工作经历。考察一个人是否能够胜任，最好的方法就是考察他的工作经历是否跟你招聘岗位的工作经历要求有交叉。而要做到这一点，你就需要了解你招聘岗位的胜任力模型。任何招聘，都不能只凭初步印象。

面试不能像盲人摸象一样，一切看感觉，只有从全局出发，以求职者简历上的事实为依据，熟练运用专业的面试方法，才能真正地提升你识人的能力。

内部推荐：内部推荐效果差？做好四件事，效果立竿见影

如果你到人才市场去看看，你会发现，昔日排队应聘、摩肩接踵的场景可能一去不复返。越来越多的HR走出公司，走出人才市场，来到他们觉得应聘者会出现的地方去招聘，可是往往效果不佳。种种应聘者稀少、招聘难的状况告诉我们：中国正面临着人才短缺的挑战。中国的劳动力市场也逃不过"刘易斯拐点①"，在这种情况下，HR必须竭尽全力，想尽办法，才能满足企业的用人需求。

在网络招聘、人才市场招聘等传统招聘渠道效果不好的情况下，提高内部推荐的比例，是解决这场人才短缺危机不错的办法。可是，内部推荐每家公司都会做，该怎么做得更有效果呢？

一、要有可行的内部推荐制度

在做内部推荐之前，HR要先制定一个可行的推荐制度。内部推荐制度包含以下内容：

（1）目的

比如为加强人才引进力度，更好地满足公司业务快速发展的要求，保障人才的正常流动和运转，在现有招聘工作开展的同时扩大招聘力度，鼓励全体员工参与优秀人才推荐工作。

---

① 刘易斯拐点即劳动力过剩向短缺的转折点，是指在工业化进程中，随着农村富余劳动力向非农产业的逐步转移，农村富余劳动力逐渐减少，最终达到瓶颈状态。

（2）适用范围

适用于全体正式员工，但以下人员不享受推荐奖：

第一，人力资源部人员。（招聘人员不享受推荐奖，这很容易理解）

第二，空缺岗位的直接上司。（主要是为了防止任人唯亲）

（3）推荐原则

第一，面试原则。即不管是谁推荐，均需和其他渠道招聘的应聘者一样，经过严格的面试环节。

第二，告知原则。即被推荐人若是推荐人的亲属，推荐人需在推荐材料上说明。

第三，诚信原则。推荐人不得隐瞒被推荐人的个人情况（包括健康状况、婚姻状况、犯罪情况等）。

（4）推荐流程

这里主要是告诉大家该如何推荐：

第一步，人力资源部公布空缺岗位类别、职责、任职要求等详细信息；

第二步，推荐人根据招聘信息中所列的主要工作职责及规定的任职资格，在征得被推荐人本人同意后，填写《内部推荐表》，与被推荐人的个人简历一起以任意一种方式提交人力资源部招聘负责人处；

第三步，人力资源部根据公司招聘流程进行简历筛选、安排面试等工作；

第四步，人力资源部有权对被推荐人进行背景调查；

第五步，人力资源部会及时将结果反馈给推荐人和被推荐人；

第六步，通过面试后即可按公司规定流程办理入职手续；

第七步，推荐人填写《推荐人才奖励金申请表》。

（5）奖励办法

这里主要是对内部推荐的奖金进行规定。奖励办法有奖金奖励和非奖金奖励。

奖金奖励很重要，这可能是推荐人员最重要的动力来源。

另外，奖金的额度不应该千篇一律，而应该根据岗位高低、招聘难度高低进行奖金设置。具体可参照下表：

表1-7　内部推荐奖励明细

序号	类别	人才类型	明细	奖励金额（税前）
1	A	领军人才及紧缺岗位	部门负责人（含）以上级别员工和公司认定的特殊紧缺人才	3000元
2	B	部门业务骨干	高级经理岗位、部分紧缺经理岗位等，总工作经验满五年（含）以上的人员	2000元
3	C	一般岗位	由于公司新业务发展而新增的由公司认定的经理级别及以下级别岗位，除应届毕业生	1000元

非奖金奖励，大家可以采用完成任务换积分，用积分换礼品，或者把积分和公司的一些评优等挂钩的方式，这样大家在获得现金奖励的情况下，还可以在其他方面获得回报，相信大家的推荐动力会进一步加强。

现金奖励和非现金奖励结合，相信会让内部推荐能够更好地运转起来。

（6）奖金发放

推荐奖金的发放要及时，同时也要保障公司的利益。

对于成功录用的被推荐人，公司将在被推荐人正式入职并顺利通过试用期（三个月）后，向推荐人支付50%的推荐人才奖励金；待被推荐人司龄满六个月后，公司将支付剩余的50%推荐人才奖励金。

推荐奖金可以和工资一起发放，个税由推荐人自行承担。

二、建立起全员推荐的氛围

如果真正要把内部推荐推动起来，建立起全员内部推荐的氛围是很重要的。可以采用以下的方法：

（1）内部宣贯。内部推荐制度出来后，不仅仅是要发通知，更重要的是做一次内部宣贯。你可以组织一次全员的启动会，这样，让大家感受到公司的重视，相信推荐效果会更好。

（2）加强宣传力度。人力资源部可以制作内部推荐易拉宝、宣传栏张榜宣传，让员工随时感受内部推荐的情况，当公司形成一种氛围的时候，以后内部推荐就是员工自发的行为了。

（3）推荐成功事例宣传。如果有员工推荐成功的，可以通过内部邮件宣传，但具体是谁推荐的，可以不告知，保护员工隐私。

（4）公布内推奖金发放情况。对于推荐成功的员工，可以对他们的奖金进行定期公布，以达到吸引其他人参与推荐的目的。

三、鼓励员工转发招聘广告

内部推荐不仅仅是让员工本人推荐，更重要的是，要让员工主动转发公司的招聘信息，利用朋友圈、QQ群等，吸引更多的应聘者应聘。要做到这一点，HR需要做好招聘信息的撰写，让员工更好转发，如制作H5，或者精简招聘信息，让转发变得容易。有条件的公司，对于转发的员工，还可以给予一定的红包奖励等。

四、HR反馈要及时

一旦接到员工推荐，HR要马上和应聘者沟通，如果合适，马上安排面试。推荐结果，要及时告知推荐人。让员工对推荐情况有全面的了解。

内部推荐是一个非常不错的招聘渠道，用得好了，可以大大提高招聘效率，按照以上的方法去做，就能取得不错的效果。

背调：厉害的面试官，用这三种方法让造假原形毕露

当面试官面试不专业的时候，他可能就会给公司招聘到一位不合格的员工，这对公司来说，是一笔重大的损失。损失的不仅是工资，更是时间。也许终止试用期很容易，但是，对公司来说，要从零开始去招聘，浪费的时间才是最大的损失。

所以，对企业来说，如何预防求职者造假，是一件很重要的事情。

因此，作为辨别求职者真实能力的面试官，一般都会想尽办法来甄别求职者，一般来说，有以下三种方法来"验明正身"：

方法一：用追踪法让假学历无处藏身

企业为了防止求职者在学历等方面造假，一般会采取以下方法：

（1）填写真实的资料

当新员工进入公司之后，企业一般都会要求员工填写《求职申请表》，在这张表上，需要员工填写员工的真实学历、健康状况、工作经历、离职原因、前几家公司的联系人等。

很多求职者可能对此很反感，认为这些东西简历上都有，为什么还要浪费时间去填呢？而且这张表上涉及个人的一些信息。

其实，这张表对企业来说用处是很大的，因为这是你提供的真实个人信息和个人经历的依据。

（2）各个击破

对于企业来说，会采取以下方法来预防求职者在学历方面的造假：

·学信网查询

目前，我国大陆地区的高校的学历，都可以在学信网上进行查询。

根据教育部提供的信息，截至2017年5月31日，全国高等学校共计2914所。其中，普通高等学校有2631所（含独立学院265所），成人高等学校有283所。

在学信网的查询，可以分为个人查询和企业查询。如果是个人查询，就可以提供学历证明，求职者可以将这个证明拿给企业。如果企业不放心，他们就会自己购买学信网的服务，自己查询。

但学信网不是万能的，因为学信网的诞生时间是2000年，所以，学信网只可以查询2000年之后的学历数据，而2000年前的数据是查不到的。

·学校查询

如果学信网查不到，那你可以到学校查询。一般来说，学校的学籍系统里，有所有毕业生的信息，只要你能够提供学生的姓名、身份证号码等信息，就可以查询到学生的学历信息。

只不过这种方法比较费时费力，因为你需要跑一趟学校。当然，如果企业觉得麻烦，也可以叫求职者本人提供学历证明，并留下学校的联系电话。企业只需要跟学校核实就可以。

方法二：用STAR面试工具让你显露真实能力

对企业来说，求职者的真实能力非常重要。企业招聘任何一个岗位，都会有岗位要求，而能力要求就是其中最重要的因素之一。所以，面试官在面试的时候，特别注重对岗位所要求的能力进行考察。

在面试前，企业一般会建立该岗位的胜任力模型。例如，企业招聘一个销售人员的时候，销售人员的核心胜任能力有沟通表达、专业素养、谈判能力等。当企业确定这些胜任能力之后，面试官在面试的时候，就会围绕这些能力来对应聘者进行考察。

但是，知道销售需要具备这些能力，不代表所有的面试官都能够甄别出求职者是否具备这样的能力。有些面试官在面试的时候，只是根据自己过往的经验去判断求职者是否具备这样的能力，其实误判的风险很大。有些面试官看一个求职者能说会道，问的问题都能回答得很好，就认为这个求职者应该具备这几方面的能力。其实不然。如果面试官不会问问题，可能就无法甄别出求职者是否具备这方面的能力。

有的面试官想考察求职者的"谈判能力"，于是就问求职者："这个岗位对谈判能力很看重，你觉得自己的谈判能力怎么样？"求职者一听这个问题，可能第一反应的回答是："嗯，我的谈判能力还是不错的。您看我跟您聊了这么久，您应该能够感受到我这方面的能力！"当求职者这样回答的时候，其实，面试官很难判断这个求职者的谈判能力是否优秀。

以上的问题，被称为"倾向性问题"，即你问的问题已经给了求职者回答的倾向，他只有回答自己这方面的能力很强，除非他不想要这个岗位了。

那要怎么问，才能真正做到考察出求职者的真实水平呢？最好的方法是采用STAR行为面试法。

面试官应该用80%的时间来进行行为面试的提问，只有这样，才能真正考察员工的真实能力。

行为面试的提问，其实就是按照以上四个维度进行提问。接下来给大家举个例子。比如，你要考察求职者的谈判能力，如果用行为面试法来提问，可以这样问：

首先，你要向求职者问一个问题：举例描述一下你通过谈判解决过的事件，你是如何应对的？

求职者肯定会答某一件事。接下来，作为面试官，要刨根究底。如何问？就是根据上面的四个维度来问。

（1）针对situation（背景）维度的提问

当时处理这件事，是公司派你过去处理的吗？你是主导还是辅助？

（2）针对task（任务）维度的提问

在这件事里，你需要做哪些事情？

（3）针对action（行动）维度的提问

解决这件事，有遇到什么困难和挑战吗？具体是怎样的？你采取了什么措施？

（4）针对result（结果）维度的提问

当你采取了这些措施后，结果怎么样？大家是怎么评价你的？

通过以上的追问，如果求职者没有做过的话，是很难应付得了的。你问得越细，就越能够辨明求职者的真实水平。

方法三：用背景调查让经历造假原形毕露

背景调查，就是企业针对有意录用的求职者，对其工作经历、职场信用、职场表现等进行调查，以帮助企业筛选出合适的应聘者的方法。

因为背景调查存在费时费力的问题，所以，除了一些规模比较小的企业，大部分的企业都是无法做到所有岗位都做背景调查的。

但是，背景调查对一些岗位是非常有必要的。比如一些重要的和关键的岗位、中高层管理者、技术、采购、财务等岗位。

现在求职者为了自身的利益，可能会作假。如果企业不做背景调查，可能会给企业带来很大的用人风险。比如，有些员工跟前任公司存在劳动纠纷，如果企业不做背景调查，就很难发现这种问题。

背景调查分为两种，一种是员工主动提供，另一种是企业主动调查。

（1）员工主动提供

员工主动提供，就是员工主动提供关于他的背景证明，主要是提供离职证明。

员工离职后，一般是需要向原企业索要离职证明的。企业也有义务在员工离职后向员工开具离职证明。但是，有些不正规的企业可能不会开这样的证明，怎么办呢？那企业如果要录用这个员工的话，就必须和员工签署入职声明，模板如下：

本人_____，就受聘于×××有限公司（以下简称：公司）事宜，做如下声明：

本人在此声明，自本声明签署之日起，本人与任何其他单位不存在任何劳动关系。并且，本人受聘于公司不会违反本人对前任职单位/雇主的任何竞业限制义务，公司不会因雇用本人而引发任何诉讼。公司因雇用本人而引发的一切法律责任均由本人承担。本人未曾因自身严重违纪而被前任职单位/雇主开除，若本人不实陈述，公司可立即与本人解除劳动合同，并不负担任何赔偿责任。

本人在此声明，本人对前任职单位/雇主_____（填"有"或"没有"）保守商业秘密的义务。本人承诺不将任何涉及第三方的商业秘密带入公司，并不在公司使用。任何因本人违反对第三方的保守商业秘密的义务而导致的任何法律责任，由本人承担。

以上声明为本人真实意思的表示。

签字：

（2）企业主动调查

企业主动调查，就是通过联系应聘者以前所在公司的相关人员，如人力资源部、求职者原来同部门的领导、同事等了解应聘者的情况。甚至也可以向同行了解。

要了解这些，就必须有联系人和联系电话。因此，企业在准备做背景调查的时候，可以跟求职者沟通，要求他提供联系人和电话，如果企业不想惊动求职者，也可以通过私下查询的方式，来查询联系人和联系电话，这样做的背景调查可能更真实。

背景调查需要了解以下几方面的内容：

第一，求职者以前所在部门、岗位、职责、工作年限、离职原因等。

第二，求职者在以前公司的表现，是否有不良表现。

第三，以前各部门同事对他的评价。

一般来说，做好以上事情，基本上就可以了解一个人真实的情况了。这样企业的用人风险就会降低很多。

指标：如何拟定个人绩效目标

一、企业发展与个人绩效目标的关系

绩效管理是战略目标实施、落地的工具，它可以把公司战略目标与部门、员工的日常工作联系起来。当每位员工的目标完成的时候，公司的战略目标也就达成了。所以，员工的个人绩效目标的制定非常重要。

二、个人绩效目标的来源

在制定员工绩效目标时，需要在公司战略目标分解的基础上，结合年度工作计划、部门职能和岗位职责等，经过上下级的充分沟通，制定绩效指标。目标并非员工的全部工作，而是重点的、方向性的或者战略性的工作，因此其来源主要是部门目标、岗位职责、岗位工作计划等。

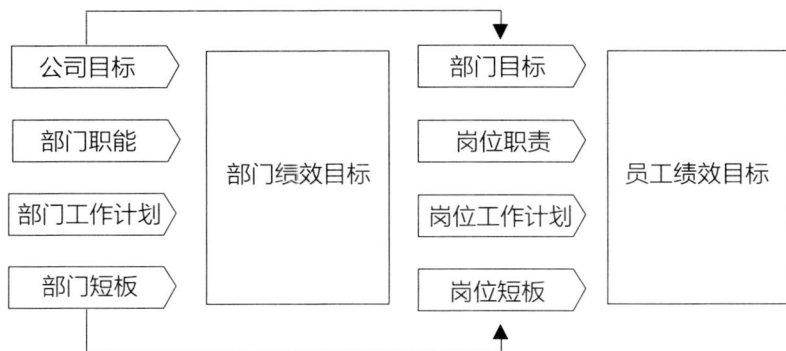

图1-1　个人绩效目标来源

三、目标制定原则

那如何制定正确的目标呢？制定正确的目标，需符合"SMART"原则。"SMART"分别代表几个英文单词的首个字母，具体如下：

（1）具体的（specific）

你的目标必须是具体的。怎样才是具体的呢？就是要切中特定的工作指标，不能笼统。比如说，绩效指标"完成招聘"就不够具体。到底是完成招聘的及时率还是达成率？不具体会让被考核者看不到方向。

（2）可衡量的（measurable）

你的目标必须是可衡量的。可衡量就是你的目标是数量化或者行为化的，验证目标的数据或者信息是可以获得的。例如，制定招聘目标，不能说招聘很多人，而要把招聘的具体人数写出来，可以说："招聘15人。"

（3）可实现（attainable）

你的目标必须是可实现的。有很多人制定目标，完全脱离实际，这样的目标就失去了意义，因为根本就不可能实现。很多领导为了追赶标杆，刻意追求高目标。比如行业的采购合格率是70%，但领导却给采购部门定了90%的合格率，看似有远大的目标，但这个目标对于采购部门来说，是不实际的，不可实现的。最好的目标是，员工跳一跳，加把劲努力一下是可以达到，可以摸得着的。

（4）相关性（relevant）

绩效指标是与工作的其他目标相关联的；绩效指标是与本职工作相关联的。

（5）有时限（time-bound）

员工的目标必须是有时间限制的。没有时间限制的目标，等于一纸空文。例如，员工的目标是培训达成率95%。到底是月度达成率，还是季度达成率，还是年度达成率？差别会很大。

四、绩效目标制定公式

了解了绩效目标的来源和制定原则，我们就可以开始制定绩效目标。在这里，给大家介绍两个绩效目标制定的公式：

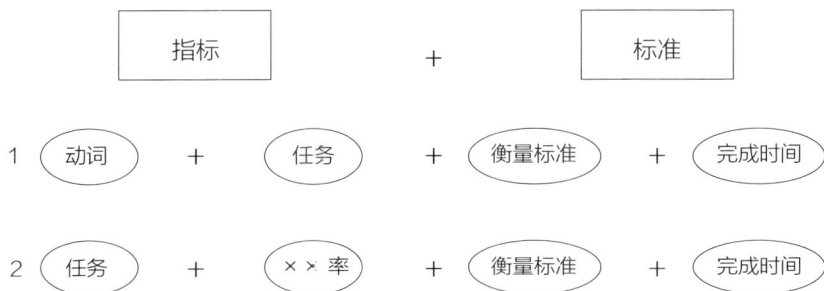

图1-2　个人绩效目标制定公式

由上，我们可以看出，目标由指标和标准组成。

在这个基础上，我们可以形成两种绩效目标的制定方法：

第一，动词+任务+衡量标准+完成时间。

第二，任务+××率+衡量标准+完成时间。

接下来，针对这两种公式举例：

范例：

1. 完成人力资源管理制度　　　　××年×月30日前输出招聘模块全部内容

2. 招聘及时率　　　　　　　　　≥80%（3月）

图1-3　个人绩效目标范例

五、绩效目标制定的技巧

（1）目标设置时不仅关注业务目标，还关注人员管理和个人发展目标。

（2）绩效考核指标应突出重点、抓关键、不要空泛，要抓住关键绩效指标。指标之间是相关的，有时不一定要面面俱到，通过抓住关键业绩指标将员工的行为引向组织的目标方向，指标一般控制在五个左右，太少可能无法反映职位的关键绩效水平；但太多太复杂的指标只能增加管理的难度和降低员工满意度，对员工的行为是无法起到引导作用的。

面谈：绩效面谈实操技巧

在开始之前，我想问大家一个问题：在绩效管理实施的过程中，哪个环节是最核心的？

也许有人说是"绩效目标的制定"，因为没有绩效目标，就没有考核。

也许有人说是"绩效考核"，因为没有绩效考核，就谈不上绩效管理。

也许有人说是"绩效改进"，因为发现问题不改进，那绩效管理就成了形式主义了。

其实，绩效管理的每个环节都很重要，但是，如果说到核心，以上的答案都不是。在绩效管理的过程中，最核心的环节其实是绩效面谈。

也许有人会提出疑问，绩效面谈不就是在绩效考核结束之后跟员工聊聊天，通报一下绩效考核结果，帮助员工了解不足，改进绩效吗？

其实，这是很多人对绩效面谈认识的误区。

绩效面谈，有狭义和广义之分。狭义的绩效面谈，是指绩效考核结束之后，主管和下属的面谈；广义的绩效面谈，是绩效管理进行过程中进行的所有面谈。

所以，绩效面谈，其实从绩效管理一开始就已经开始了。

一个完整的绩效管理体系，包含四个方面的内容：绩效计划、绩效辅导、绩效考核、绩效运用。

那么，绩效面谈，从绩效计划这一环节开始之前就已经开始了。

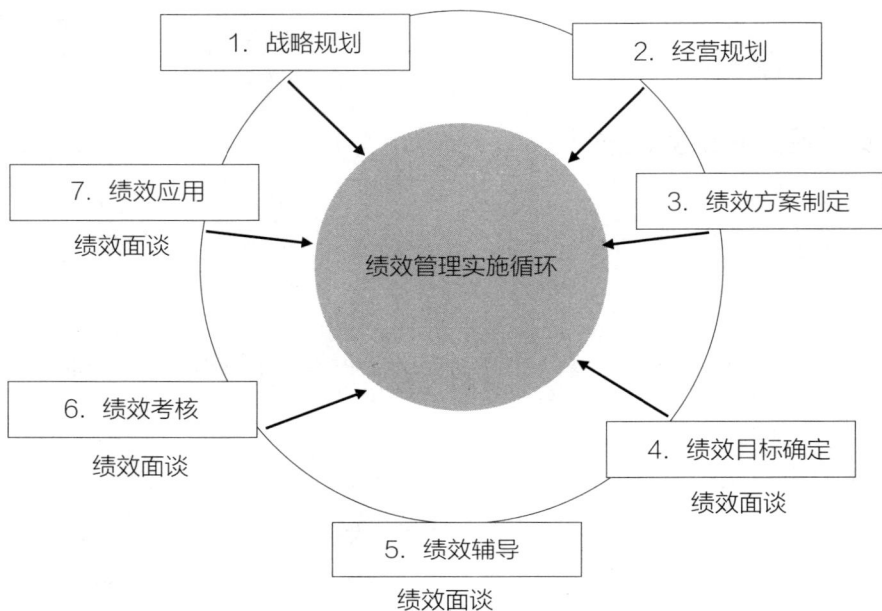

图1-4　绩效管理实施循环

从以上的绩效管理实施循环，我们知道绩效面谈贯穿于整个绩效管理实施的过程之中。主要体现在以下四个方面：

（1）绩效目标制定的时候，需要绩效面谈。我们把这次面谈叫作绩效计划面谈。绩效考核如果要有效果，那在制定绩效目标的过程中，上级主管必须要充分了解员工对绩效目标的看法、建议，让员工参与到实际的目标制定的过程中，只有员工参与制定的目标，他才会有动力去实现这个目标。

（2）绩效辅导的时候，需要绩效面谈。我们把这次面谈叫作绩效辅导面谈。在绩效目标制定之后，上级主管需要指导员工如何去实现绩效目标，在员工实现绩效目标的过程中，上级主管需要随时和员工沟通，掌握员工计划实现的进度，并帮助员工解决无法解决的问题。

（3）在绩效考核的时候，需要绩效面谈。我们把这次面谈叫作绩效考核面谈。绩效考核的时候，上级主管需要和员工面谈，了解员工目标完成的最终情况，并和员工沟通是如何做出评价的。

（4）在绩效考核结果出来后，需要绩效面谈。我们把这次面谈叫作绩效反馈面谈。绩效考核结果出来后，上级主管需要和员工沟通，把最终的考核结果告知员工，并听取员工的反馈意见。同时，针对员工的优点，提出表扬；针对员工存在的不足，和员工共同探讨改进的措施，并协助员工制订改进计划，以保证下一阶段的绩效目标能够更好地完成。

那绩效面谈该如何开始呢？按照以下步骤，让你轻松做好绩效面谈：

步骤一：面谈准备

在开始绩效面谈之前，我们需要提前做好面谈的准备。需要准备好以下东西：

准备好面谈的资料。比如，如果是绩效计划制定面谈，那就需要准备员工的工作职责、工作计划等资料；如果是绩效辅导和绩效考核面谈，那就需要准备绩效责任书等资料；如果是绩效反馈面谈，则需要准备员工绩效考核结果等资料。

准备好面谈时间和地点。面谈需要在时间充裕和放松的情况下进行，这样双方的沟通才会深入，如果在面谈的时候总被其他事情打断，那面谈可能无效。另外，还要找一个比较安静封闭的地方，可以是会议室，也可以是无人打扰的个人办公室。

双方要沟通的话题。比如，你想问员工哪些问题，要提前准备好大纲。同时，你希望员工提供的资料，也要提前通知员工做好准备。

步骤二：做好开场

面谈的开场白很重要。开场白的作用是建立双方的互信氛围。如果员工对你有戒备心理，他就会不配合你的面谈，那面谈的效果可能不会很好。因此，在开场的时候，要让员工放松，取得员工的信任。

该如何做到呢？可以采用"同理心法"。比如，如果是绩效反馈面谈，你可以说："我们这次面谈，没有什么特别的目的，主要是针对过去的一个绩效考核出现的问题，我们一起来找到解决的办法，共同进步！"

这样员工觉得你有为他着想，他就会放下戒备心，畅谈起来。

步骤三：分析现状

这个步骤主要是了解员工的现状。如果是绩效计划面谈，那就和员工沟通目前的工作情况；如果是绩效辅导面谈，那就和员工沟通工作的实际进展；如果是绩效反馈面谈，那就告知员工实际的绩效考核结果以及各项指标的完成情况等。

在分析现状的时候，一定要以事实为准，不要掺杂主观的观点。

步骤四：指出做得好的地方

不管什么类型的绩效面谈，分析完现状之后，接下来要指出员工做得好的地方在哪里。这主要是根据"三明治沟通理论"，指出员工问题之前，我们先提出员工做得好的地方。

如果是绩效计划面谈，那可以讲讲员工上一次考核中哪些工作做得好；如果是绩效辅导面谈，那可以谈谈前段时间哪些工作做得好；如果是绩效反馈面谈，那可以谈谈员工本次考核中哪些工作做得好。

在谈员工做得好的工作时，要激励员工继续保持，甚至鼓励他在以后做得更出色。

步骤五：提出待改善的点

在这一步，主要着眼于员工在工作中存在的不足。这是绩效面谈的重点。在提出员工不足的时候，最好不要说是"做得不好的地方"，而要说是"可以做得更好的地方"，或者说是"后期可以加强的地方"，这样员工更容易接受。

如果是绩效计划面谈，那就把员工要加强的工作作为考核的重点；如果是绩效辅导和绩效反馈面谈，那就要引导员工认识到自己的不足。

步骤六：了解员工的想法

在这一步，主要是听听员工对自己工作的评价以及未来的工作计划等。总之，他有任何的想法，都可以提出来。

步骤七：探讨解决方案

到了这一步，就要形成落地的解决方案。比如，针对员工存在的问题，后期该如何改进。了解一下员工对解决问题的想法等。

步骤八：提出工作重点

在这一步，落实员工的工作重点。一方面，可以看看员工自己是否有工作重点的计划。另一方面，上级三管也可以提出自己对员工的要求，并且征求员工的意见，最终达成一致。

步骤九：结束面谈

在这一步，要鼓励支持员工去实现接下来的工作目标，让员工相信，你会站在他的身边，支持他的工作，一起成长。

以鼓励或者约定下一步计划的方式，来结束这次面谈。

工资核算：如何做好工资的核算

工资核算是你进入薪酬模块的基础技能。如果想往薪酬模块发展，那你必须要了解如何进行工资核算。

当然，如果你想往管理方向发展，比如人事经理、人事总监，同样需要知道，一家公司的工资是如何算出来的。

因此，学会工资核算对一个HR的职业发展非常重要。

本节内容，主要是教会你如何做好工资的核算。为了让大家对工资核算有全面的了解， 我在这里从零开始搭建公司核算体系，希望对你有帮助。

一、工资核算的步骤

步骤一：建立工作表

核算工资需要的所有信息，要建立相应的工作表。

步骤二：建立工资基础表

工资表是核算工资的基础。只有建立工资表的各个项目，并做好项目数据的收集，才能做好工资核算工作。

步骤三：输入工资信息

把所有员工的工资输入工资表相应的位置，如果工资结构拆分成几大部分，那需要将工资总额进行拆分。

步骤四：收集绩效考核信息

如果你们公司有做绩效考核，那就需要收集员工的绩效考核信息。

步骤五：收集社保和公积金数据

社保和公积金是税前扣除的，如果公司有帮员工缴纳五险一金，那就一定要收集社保和公积金的缴纳数据。

步骤六：收集员工的出勤信息

员工的出勤与他的工资有很大的关系，因此，员工的出勤数据一定要准确。

步骤七：收集其他工资信息

比如，员工有奖金、扣款等，需要提前收集好。

步骤八：搭建核算函数，自动核算工资

把上面的工资信息都收集完毕之后，就可以搭建核算函数，自动核算工资了。

二、工资核算实操

步骤一：建立工作表

打开Excel办公软件，建立以下工作表：工资基础表、月度绩效系数、公积金、社保、工资明细表、专项附加扣除明细表。

这些工作表，大家可以根据实际情况创建，如图1-5所示：

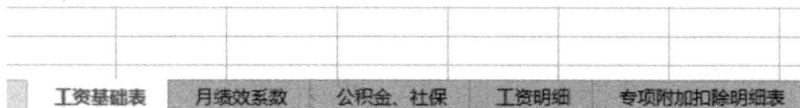

| 工资基础表 | 月绩效系数 | 公积金、社保 | 工资明细 | 专项附加扣除明细表 |

图1-5　工资相关工作表

步骤二：建立工资基础表

一个完整的工资基础表，需要包含以下内容（如表1-8）：

表1-8　工资基础表

姓名	总工资	基本工资	保密工资	岗位工资	月绩效工资	月度绩效系数	扣除无薪事假
张全一	33,700	12,000	300	18,030	3,370	1.0	-
应发工资	扣缴住房公积金	扣缴社保	专项扣除	累计应缴预扣额	本月累计税额	本月应扣个人所得税额	实发工资
33,700	2,420	346.78	0	26,333.22	790	790	30143.22

（1）个人基本信息

为了简化，在这个表里只留了个人姓名，完整的个人信息还应该包括部门、岗位、员工编号等。

（2）工资结构信息

在这份工资表里，员工的工资分成了四个结构，分别是基本工资、岗位工资、保密工资和绩效工资。每家公司具体情况不一样，可以根据你所在的公司的实际情况进行调整。

（3）月度绩效系数

月度绩效系数决定员工绩效工资的多少。

（4）考勤信息

考勤信息包括员工是否有请事假、病假，是否缺勤、迟到等，如果有的话，这些是要扣相应金额的。

（5）五险一金信息

五险一金是税前扣除项目，跟员工的工资息息相关。

（6）个税信息

超过起征点就必须要缴纳个税，扣除个税之后，才是实际要发放的工资，也就是到手工资。

步骤三：输入工资信息

建立工资表之后，接下来的工作是输入工资信息。详见表1-9。

表1-9　输入工资信息

姓名	总工资	基本工资	保密工资	岗位工资	月绩效工资
张全一	33,700.00	12,000.00	300.00	18,030.00	3,370.00
黎海	34,600.00	12,000.00	300.00	18,840.00	3,460.00
刘向	24,200.00	12,000.00	300.00	9,480.00	2,420.00
陈东生	16,000.00	3,000.00	200.00	11,200.00	1,600.00
唐宁	15,000.00	3,000.00	200.00	10,300.00	1,500.00
周华	21,000.00	9,000.00	300.00	9600.00	2,100.00
许小小	13,500.00	3,000.00	200.00	8,950.00	1,350.00
李民龙	7,500.00	3,000.00	200.00	3,550.00	750.00
俞晓	8,000.00	3,000.00	200.00	4,000.00	800.00
何旺生	20,000.00	6,000.00	300.00	11,700.00	2,000.00
合计	193,500.00	66,000.00	2,500.00	105650.00	19,350.00

以张全一为例，他的总工资是33700元，基本工资是12000元，岗位工资是18030元，保密工资是300元，绩效工资是3370元。也许有人会问这些数据是怎么定的？其实大多是根据公司内部的规定得出的。

比如基本工资，根据不同的级别，高管是12000元，经理是6000元，员工是3000元。张全一是高管，所以他的基本工资是12000元。

保密工资也是规定的，高管的保密工资是300元，其他人是200元。

绩效工资也是规定的，一般按照总工资的10%来设定，所以张全一的绩效工资是3370元。

至于岗位工资，则是变动的。比如张全一的岗位工资，是由总工资减去基本工资，减去保密工资，减去绩效工资，最终得出。

以上工资结构，大家只要确保总额和细分的数额对等就可以。

大家在这一步要做的是把每一位员工的工资信息输进去。

步骤四：收集绩效考核信息

月度绩效系数跟一个员工的月度绩效工资有很大的关系。上面的绩效工资是基数，再乘以绩效系数，才是员工当月最终应得的绩效工资。

月度绩效系数是由绩效考核结果来定的。

比如一个员工的绩效等级是A，那他的绩效系数就是1.2（这个系数也是可以改变的）。

如果你们公司没有实施绩效考核，那月度绩效工资这一栏可以删掉。

表1-10　绩效考核结果

月份	部门	姓名	绩效等级	月度绩效系数
1月	总经办	张全一	B	1.0
1月	总经办	黎海	A	1.2
1月	总经办	刘向	A	1.2
1月	财务企划部	陈东生	A	1.2
1月	科技产品部	唐宁	A	1.2
1月	财务企划部	周华	A	1.2
1月	财务企划部	许小小	B	1.0
1月	科技产品部	李民龙	B	1.0

续表

月份	部门	姓名	绩效等级	月度绩效系数
1月	科技产品部	俞晓	B	1.0
1月	科技产品部	何旺生	A	1.2

月度绩效信息需要在月绩效工作表上输入。

步骤五：收集社保和公积金数据

每个地方缴纳五险一金的时间不一样，大部分地方的时间都是每个月的25日左右，等扣款之后，就可以登录社保局网站和住房公积金网站，下载扣款信息。

员工的五险一金，都是企业先帮员工缴纳，因此，在发工资的时候，要扣回来。

（1）公积金

在公积金网站上下载的扣缴数据，是员工和企业一起缴纳的数额，因此，个人缴纳数，要用缴存额除以2才行。

以张全一为例，他缴存基数是24200元，缴存额是4840元，由于个人缴存比例是10%，所以其个人缴纳数是2420元。

表1-12 个人公积金应扣部分

个人公积金账号	姓名	缴存基数	单位缴存比例	个人缴存比例	缴存额	缴存月份	个人缴纳数
××	张全一	24200	0.10	0.10	4840	201901	2420
××	黎海	24200	0.10	0.10	4840	201901	2420
××	刘向	24200	0.10	0.10	4840	201901	2420
××	陈东生	16000	0.10	0.10	3200	201901	1600
××	唐宁	15000	0.10	0.10	3000	201901	1500

个人公积金账号	姓名	缴存基数	单位缴存比例	个人缴存比例	缴存额	缴存月份	个人缴纳数
××	周华	21000	0.10	0.10	4200	201901	2100
××	许小小	13500	0.10	0.10	2700	201901	1350
××	李民龙	7500	0.10	0.10	1500	201901	750
××	俞晓	8000	0.10	0.10	1600	201901	800
××	何旺生	20000	0.10	0.10	4000	201901	2000
							17360

（2）社保

从社保局下载的数据如下，但大家要注意的是，工资要扣缴的部分，就是个人缴纳合计部分。

表1-12　个人社保应扣部分

社会保障号码	姓名		应收金额	
		应收合计	个人缴纳合计	单位缴纳合计
×××	张全一	1026.01	346.78	679.23
×××	黎海	3588.68	1206.60	2382.08
×××	刘向	76.89	14.95	61.94
×××	陈东生	3588.68	1206.60	2382.08
×××	唐宁	1026.01	346.78	679.23
×××	周华	1026.01	346.78	679.23
×××	许小小	1026.01	346.78	679.23
×××	李民龙	1056.01	346.78	709.23

续表

社会保障号码	姓名	应收合计	应收金额	
			个人缴纳合计	单位缴纳合计
××××	俞晓	1156.01	346.78	709.23
××××	何旺生	1156.01	346.78	709.23
合计		14526.32	4855.61	9670.71

公积金和社保信息需要在相应的工作表上输入。

步骤六：收集考勤信息

由于考勤需要等到次月的1日才能收集，所以，一般这一步要放到比较靠后的步骤来做。

如果你们公司有考勤机，那就比较简单了，把有异常员工的数据填上去即可，比如请病假、请事假、迟到等。

表1-13　员工考勤信息

姓名	当月考勤天数	迟到	请假天数	缺勤天数	早退次数	年假/调休	外假/其他	出勤天数
张全一	22.00	—	—	—	—	—	—	22.0
黎海	22.00	—	—	—	—	—	—	22.0
刘向	22.00	—	—	—	—	—	—	22.0
陈东生	22.00	5.00	1.00				—		21.0
唐宁	22.00	—	—	—	—	—	—	22.0
周华	22.00	—	—	—	—	—	—	22.0
许小小	22.00	—	—	—	—	—	—	22.0
李民龙	22.00	—	4.00	—	—	3.00	—	15.0
俞晓	22.00	—	—	—	—	—	—	22.0
何旺生	22.00	—	—	—	—	—	—	22.0

步骤七：收集工资的其他信息

比如，某些员工有奖金、扣款或者临时补贴等，这个要跟各部门的负责人沟通好，等领导审批通过之后，就可以加入工资基础表来核算。

步骤八：搭建核算函数，自动核算工资

以上数据全部收集好后，接下来就可以核算工资了。结合工资基础表，核算工资涉及以下三点：

（1）工资核算公式

员工的工资核算公式如下：

实发工资=应发工资−扣缴住房公积金−扣缴社保−本月应扣个人所得税额

其中，应发工资=基本工资+保密工资+岗位工资+月绩效工资×月绩效系数+扣除（无薪事假）+扣除（病假）+扣除（缺勤）+扣除（迟到）+奖金+其他。

（2）工资核算函数

在数据的基础上，只需要按照以上的工资来设置函数，就可以批量核算了。求和函数比较简单，在这里不展开讨论。

在这里，跟大家介绍一下VLOOKUP函数的使用。

由于核算工资涉及不同的工作表，因此需要用到VLOOKUP函数，才能提高工作效率，同时也能保证数据的准确性。

以张全一的扣缴公积金为例，来看看如何运用VLOOKUP函数。

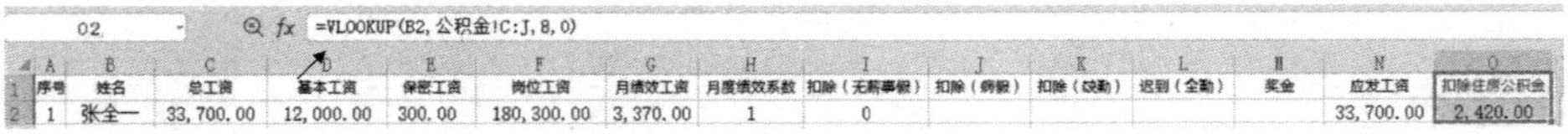
O2　=VLOOKUP(B2,公积金!C:J,8,0)

	A	B	C	D	E	F	G	H	I	J	K	L	M	N	O
1	序号	姓名	总工资	基本工资	保密工资	岗位工资	月绩效工资	月度绩效系数	扣除（无薪事假）	扣除（病假）	扣除（缺勤）	迟到（全勤）	奖金	应发工资	扣除住房公积金
2	1	张全一	33,700.00	12,000.00	300.00	180,300.00	3,370.00	1	0					33,700.00	2,420.00

图1-6　VLOOKUP函数示例步骤一

我们可以看到，“张全一”的扣缴公积金的透视表函数是“=VLOOKUP(B2,公积金!C:J,8,0)”，这个函数是怎么来的呢？步骤如下。

首先，在“O2”表格里输入“=VLOOKUP()”，把鼠标移到“()”里，然后单击“B2”表格，在英文输入法的状态下打“，”。

接着，单击工作表“公积金”，来到“公积金”页面。

A	B	C	D	E	F	G	H	I	J
序号	个人公积金	姓名	身份证号	缴存基数	单位缴存比例	个人缴存比例	缴存额	缴存月份	个人缴存数
1	××	张全一	××	2420	0.10	0.10	4840	201901-201901	2420.00

工资基础表 月绩效系数 公积金 社保 工资明细 专项附加扣除明细表 +

图1-7　VLOOKUP函数示例步骤二

然后，用鼠标单击C列，一直拉到J列，为第8列。

B	C	D	E	F	G	H	I	J
个人公积金	姓名	身份证号	缴存基数	单位缴存比例	个人缴存比例	缴存额	缴存月份	个人缴存数
××	张全一	××	2420	0.10	0.10	4840	201901-201901	2420.00

图1-8　VLOOKUP函数示例步骤三

再接着，回到工资基础表，在“=VLOOKUP(B2,公积金!C:J,”后输入“8,0”，形成公式“=VLOOKUP（B2,公积金!C:J,8,0）”，单击回车键就完成了。

下面的数据，你不需要重新做一遍，把格式复制过去就可以了。

（3）个税的核算

由于从2018年开始，国家的个人所得税进行了改革，所以个税的核算方式也发生了很大的变化。

个税的应缴税所得额的公式如下：应缴税所得额=应发工资−扣缴住房公积金−扣缴社保−专项扣除−5000。

其中，专项扣除，大家可以建立新的工作表，把所有员工的专项扣除信息填上去，再用“VLOOKUP”函数透视过来就可以了。

表1-14　员工个税专项扣除信息

姓名	子女教育支出	住房租金支出	住房贷款利息支出	赡养老人支出	继续教育支出	合计金额
张全一	0	0	0	0	0	0
黎海						0
刘向	1,000			2,000		3,000
陈东生						0
唐宁						0
周华						0
许小小				2,000		2,000
李民龙		1,500		1,000		2,500
俞晓		1,500		1,000		2,500
何旺生				1,000		1,000
合计						11,000

做好以上的事情之后，大家可以在个税表格里输入公式：

"$=5 \times MAX(0, R2 \times \{0.6;2;4;5;6;7;9\}\% - \{0;504;3384;6384;10584;17184;36384\})$"

就可以自动核算每个人的个税了。

当然，这是第一个月核算的个税数据，如果是第二个月，那应缴税所得额还要加上上个月的数据，算出来的个税还要减去上个月已经缴纳的个税，才是第二个月应缴纳的个税。

做好以上的步骤，一个月的工资就核算出来了。

薪酬分析：如何做好薪酬分析，让企业的薪酬政策更有针对性

为什么薪酬分析很重要？因为薪酬具有三个非常重要的作用：

第一，交换。

企业用薪酬来获得员工的劳动付出，从而产生绩效，维持企业在市场中的生存。这是薪酬最基本的作用。

第二，保留。

企业通过薪酬的支付，能够留住员工，让员工持续在企业工作。

第三，激励。

这是薪酬最核心的作用。企业可以通过薪酬政策，来激励员工，激发员工最大的潜能，从而让企业获得最大的竞争力。

但是，对于企业来说，并不是给员工支付了薪酬，以上的作用就会发生。

因为随着时间的推移，无论是市场还是员工本身的条件，都会发生变化。一旦有了变化，如果企业的薪酬政策不改变，那企业的薪酬就会对员工失去吸引力。因此，企业要随时根据市场环境做出薪酬政策的调整。

那现在又面临一个问题，企业应该依据什么来做出薪酬的调整呢？

这就需要做薪酬分析。没有薪酬分析，企业的薪酬调整就是盲人摸象。这节内容，主要是帮助你做好薪酬分析，让企业在制定薪酬政策时更有针对性。

薪酬分析，我们具体分析什么

薪酬分析需要做好以下三方面的分析：

一、企业薪酬现状

（1）**薪酬制度**：企业是否有完善的薪酬制度？

（2）**定薪标准**：企业是否建立统一的薪酬标准？

（3）**激励性**：企业的薪酬政策与薪酬水平是否具备激励性？

二、内部公平性

（1）企业是否建立起立体、直观的薪酬体系，如薪酬未按职能体系分类，会导致企业出现内部不公平现象。例如同职级员工的薪酬差距较大。

（2）企业是否确定各层级的薪酬范围，如果没有，容易出现企业内部员工薪酬不公平的现象。

三、外部竞争力

（1）对于企业来说，要对企业的薪酬水平与外部数据进行比较。

（2）对于部门来说，要将部门数据与市场薪酬数据进行比较，比如人力资源部门和市场上的平均薪酬数据比较。另外，部门数据与市场上相同部门的数据进行比较，例如本公司人力资源部门和竞争对手的人力资源部门的数据进行比较。

（3）对于个人来说，个人的薪酬数据要与市场的平均薪酬数据进行比较。另外，个人的薪酬数据还要与市场相同岗位的薪酬数据进行比较。例如，将市场专员岗位和市场上的市场专员岗位进行比较。

用偏离度分析法，做好薪酬数据的对比分析

不管是内部公平性还是外部竞争力的分析，都可以采用对比法。可以统计市场的行业水平、企业水平、岗位的薪酬水平，然后再根据上面的分析维度，

来统计企业、部门、个人的薪酬水平，最后通过对比，计算偏离度，就可以知道企业的薪酬水平。做偏离度分析，可以采用下表：

表1-15　公司管理岗位薪酬偏离度分析

类别	薪酬级别	职级	2019 年本公司		2019 年同行业	
			薪酬情况		薪酬水平	
			月度工资	年度总现金	年度总现金	偏离度
	8	副总监级	23000	276000	310848	−11.2%
管理类	7	经理级	12000	144000	169600	−15%

以副总监级为例，其月工资是23000元，年度总收入是276000元，但是同行业的副总监年度收入水平是310848元，所以偏离度是−11.2%，说明该公司副总监级的岗位薪酬水平是偏低的。

如何利用薪酬分析数据

薪酬分析的数据出来之后，该如何利用薪酬分析数据，去解决以上的问题呢？你需要做好以下几件事：

（1）重新划分公司的薪酬体系，分为管理类人员薪酬表、专业类人员薪酬表、技术类人员薪酬表、营销类人员薪酬表、事务类人员薪酬表五个薪酬体系。

（2）建立宽带薪酬，以岗位层级决定薪酬等级，如总监级岗位享受总监级薪酬标准，以此类推，实现外部竞争性。

（3）依据各薪酬等级的市场定价（最高值与最低值），确定各薪酬等级的薪酬范围及档次、档差。每一薪酬等级均分为9档，档差有所区别，详见表1-16。具体定在哪一档，以员工的工作经验、胜任力、业绩等作为定档标准，实现内部公平性。

表1-16 管理类人员薪酬标准表

管理类人员薪酬标准表

薪酬等级	岗位等级	薪酬等差								
		1档	2档	3档	4档	5档	6档	7档	8档	9档
10	总经理级	由董事会决定								
9	副总经理级									
8	总经理助理级									
7	总监级	8100	10100	12100	14100	16100	18100	20100	22100	24100
6	副总监级	7400	8900	10400	11900	13400	14900	16400	17900	19400
5	经理级	6800	8300	9800	11300	12800	14300	15800	17300	18800
4	副经理级	6300	7200	8100	9000	9900	10800	11700	12600	13500
3	经理助理级	6000	6900	7800	8700	9600	10500	11400	12300	13200
2	主管级	5200	5800	6400	7000	7600	8200	8800	9400	10000
1	副主管级	5100	5500	6400	6900	7300	7700	8100	8500	8900

薪酬谈判：如何做到在薪资竞争力有限的情况下留住人才

曾经看过这样一个案例：公司有一名骨干员工申请年度调薪，并且期望的涨幅较大，公司很难满足。但在交谈中能感觉到，如果不能满足加薪申请，该员工可能会辞职。然而，该骨干员工正在负责一个很重要的项目，是绝对不能放走的。面对这种情况，该如何是好呢？

判断员工提出涨薪是否合理

（1）如果是申请年度调薪，就合理

既然是申请年度调薪，说明该员工已经一年没有涨工资了。他提出涨工资的申请，也是合情合理的。毕竟每个人都有养家糊口的压力。

（2）与内部员工相比，如果员工的薪酬低于同类员工，申请调薪就合理

比如，一个技术人员，工作五年，薪资16000元，与他同样级别同样能力的员工中，他的工资最低，那他提出涨薪就是合理的。

（3）与外部人员相比，他的薪资偏低，提出涨薪就合理

每家公司的薪酬策略都不一样，有的公司采取领先策略，有的公司采取跟随策略，所以你所在的公司的员工薪酬可能比别的公司薪酬水平低，也可能高。但公司薪酬低，不代表员工就应该接受低薪酬。每个人对自己的价值都有一个判断，如果员工的薪酬比外部同样级别的低，那他提出涨薪就是合理的。

合理，但员工期望太高，公司内部制度不允许，怎么办

对于这种类型的员工，该如何做好薪酬调整呢？我们的实际操作可以参考如下步骤：

步骤一：了解员工期望

步骤二：了解该岗位在公司薪酬的范围

比如，公司的薪酬制度规定，研发的薪酬范围是7000~30000元，该员工工资是20000元，他希望能够涨5000元，达到25000元。

步骤三：对比员工薪资期望和薪酬范围

该员工期望工资是25000元，还在该岗位的薪酬范围之内。

步骤四：判断合理性

第一，既然还在薪酬范围内，则合理；第二，根据上面的标准判断，则合理；第三，企业自己评估，该员工是否值得涨薪的金额，涨了后是否会打破员工内部的公平，比如，他涨薪之后，比他的同级别员工要高出很多，那就不合理了。

步骤五：加薪谈判

如果申请合理的话，部门就需要给他申请加薪了。如果申请不合理，但希望他留下来，那就要做加薪谈判。

谈判原则是大家各让一步，那具体该如何做加薪谈判呢？

一、要有加薪的依据

公司人力资源部要时刻关注外面的薪酬信息，随时做调整，只有这样，才能保持企业薪酬对外的竞争力。因此，员工的加薪调整，可以基于以下几种要素来进行调整：

（1）基于市场整体的调整

如果经济形势好，外面的公司普遍都上调了工资，且幅度很大，那你所在

的公司是需要跟上市场步伐的，否则，员工们就都要跳槽了。

（2）基于公司业绩的调整

比如，公司今年业绩很好，利润比去年翻了一番，那也是可以考虑给员工多调一点的。

（3）基于工作表现调薪

为体现激励先进、鞭策后进的原则，加薪一定要看员工工作表现，表现好的员工，多加一点；表现差的员工，可以不调薪。要看这个员工的工作表现如何，如果确实很优秀，是可以多调的。

（4）基于员工的重要性

二、说服员工接受公司最终给他加的薪资

说到这里，我们要明确一点，公司要留住这位员工，给员工加薪，但是没有员工期望的那么多，我们就需要说服他。该如何来说服呢？

（1）给他升职

既然在薪资方面满足不了员工的期望，那就给他升职。有一部分人管理的欲望比金钱的欲望还重要，给他升职，能够弥补他薪资没有得到满足的需求缺口。这或许能让他好接受一点。而且，这有利于公司维持内部薪酬公平，毕竟他是升职加薪。这样做的前提是，他真的能够胜任管理岗位。

（2）用奖金代替

有些公司怕加薪会打破内部薪酬结构，所以不能加薪太多，但可以用奖金来代替。公司要有明确的奖金方案，相信员工也会考虑，如果离职了，不拿奖金也很可惜。

（3）了解员工其他诉求，逐级沟通，用情感留人

在做加薪谈判时，员工所在部门领导要先找员工沟通，了解他是否有其他诉求，如果有，公司是否可以满足。

如果员工还是想走，那人力资源负责人就要出面沟通，继续挽留。如果还

是说服不了，公司分管领导要出面。既然说了不能放他走，公司的总经理也可以出面沟通，让员工感受到公司对他的重视。

对于关键人才，公司老板也应该放下面子去挽留，人是有感情的，老板出面和人力资源部出面，效果会很不一样。为了留住关键员工，要用尽所有合理的办法。

激励：如何做好知识型员工的激励

随着中国产业化进程的发展，知识型员工在企业员工中的占比越来越大。有些企业知识型员工的占比甚至达到了100%。知识型员工对企业发展的贡献往往是决定性的。因此，很多企业都很重视知识型员工的激励。

但对大部分企业来说，知识型员工的激励做得并不好。传统的激励方法一般是薪酬为主，其他福利为辅。但这样的激励方法，似乎达不到激励的作用。

那么企业应该做好哪些改变，才能做好知识型员工的激励？

知识型员工就是那些通过自身知识、技能、信息等为公司创造价值，且创造价值时脑力多于用手的员工。这样的员工，在职场中不难划分，例如研发人员、市场人员、广告设计等，HR也是知识型员工。

综合国内外管理大师的研究，知识型员工的激励因素主要有以下五种：

薪酬福利。指员工获得的工资、奖金、其他福利，如五险一金、住房补贴、交通补贴等。

工作挑战性。是指一份工作具有一定的难度。这主要体现在两个方面：一方面，工作不是重复性的工作；另一方面，工作需要努力才能完成。

工作自主性。员工可以自由地掌控自己的工作，并将自己的观点融入其中，不喜欢受到过多的控制，希望有更多的授权。

个体成长性。员工能够从这份工作中获得个人的成长，如知识的扩充、能力的提升、经验的增加、职位的升迁。

个体荣誉感。主要是上级对下属的认可、公司对员工的认可。

很多公司的激励因素只有薪酬福利因素，这是存在缺陷的。

在设计知识型员工激励体系的时候，一定要从他们的需求出发，而且各个方面的需求都要照顾到，只有这样，才能让公司的激励发挥作用。

了解了知识型员工的激励因素，只有做好激励因素的设计才能最大限度地激励知识型员工。HR可以从以下三项工作入手：

一、知识型员工薪酬体系的设计

很多公司对知识型员工的薪酬体系采取一刀切的方法，比如，所有员工都是拿月薪，而且都是固定工资。除了月固定工资外，没有其他的任何收入。因此员工干多干少，拿的都一样。

其实，这不利于激励知识型员工。知识型员工的薪酬结构，需要进行有差别的设计：

（1）经营者的薪酬设计

经营者的薪酬设计最好是采取年薪制，薪酬结构是"基本年薪+业绩年薪"。

①基本年薪。主要是针对岗位发放的年薪，因此，岗位越高，年薪越高，但是应该设置一定的系数，以让各岗位领导的年薪体现公平性。比如，副总经理的年薪，可以是总经理的年薪乘以一定的系数。

②业绩年薪。主要是利润分成。对于经营者来说，业绩年薪一定是建立在利润的基础上的。公司赚了钱，就可以提取一定的比例给经营者。这样的薪酬设计才会有最大的激励性。

比如，当年净资产收益率小于等于10%时，按（净利润×8%）计算；当年净资产收益率大于10%时，按（净利润×当年净资产收益率）计算。

当然，具体的比例是根据经营者的绩效考核来定的。当企业当年度经营业绩考核分在60分以下时，经营者当年业绩年薪部分为零。

（2）其他知识型员工的薪酬设计

其他知识型员工的薪酬结构可以是"基本工资+绩效工资+效益奖金+岗位津贴+补贴"。

①基本工资。按照职位类别、等级确定基本工资标准，在职位不发生变化的情况下，根据员工职位胜任情况及做出的贡献，其薪酬档次可加以调整（调高或调低）。对于一人兼任多岗位的员工，采取"就高不就低"的原则进行定薪。

②绩效工资。员工绩效考核的成绩与评定的等级挂钩，其计算公式是以该岗位的绩效工资基数乘以绩效考核等级的系数。各绩效考核等级与绩效工资系数的对应关系为：A-1.5；B-1 0；C-0.9以下。

③效益奖金。公司效益奖金是指根据公司经营效益而提取的奖励性薪酬。分为季度效益奖金和年度效益奖金。

年度效益奖金是根据公司年度经营情况、年度考核结果及利润增长幅度，由集团确定公司当年年终提取年度奖金的额度，再分配给员工。这是公司在取得一定经营效益的基础上对员工的一种激励。适用对象是公司所有人员。

季度效益奖金与公司效益挂钩，衡量公司经营业绩，公司从当期净利润中提取一部分作为季度效益奖金。根据公司季度销售情况、回款情况、利润情况确定是否发放效益奖金，根据季度、月度考核结果分配季度效益奖金。

年度效益奖金发放与员工年度考核结果、员工该年度在岗工作时间、员工职位等级、员工所在部门绩效达成情况挂钩。

④岗位津贴。对一些特殊岗位设定的津贴。例如组长、主管等。

⑤补贴。包括高温补贴、工龄补贴、电话费补贴、交通费补贴等。

通过以上薪酬设计，可以让知识型员工的激励做得更好。

二、实施参与式管理

参与式管理，就是让员工全程参与各项工作的决策过程，听取员工的意见，提升员工的工作自主性和成就感。参与式管理的方法主要有三种：

（1）组织召开"头脑风暴"会议。

（2）对团队内的重要项目，设立决策委员会，在决策之前，召开决策会议，广泛听取员工的意见。建立提案制度，鼓励员工就改进公司的经营管理等提出方案或意见。

（3）定期召开"批评和自我批评"的会议。

一般来说，如果要实施参与式管理，可以采取以下的步骤：

步骤一：提前一周设定让员工参与的事项，让员工来参与活动，确定参与人员，确定参与方式。

步骤二：召开会议，让下属针对事项提出自己的意见，找出问题及解决方案，并让下属采取行动，解决问题。

步骤三：让下属多发言。不管是什么事项，在讨论的过程中，都要鼓励大家多发言，让下属感觉到重视。

步骤四：汇总每个人的讲话。会后，要把每个人的意见形成会议记录，并发给参会人员。

三、做好员工尊重感管理

员工尊重感，指的是员工在企业里工作，得到上级和公司的重视，其工作成果得到认可。

如何做好员工尊重感管理呢？

（1）针对各种人群，设立相关奖项

①销售标兵奖。销售业绩在前三名、销售额增量在前三名的销售人员，可列为销售标兵。

②技术标兵奖。主持或参与重要项目研发、重大技术或工艺革新，并在其中发挥重要作用，对公司的业绩增长做出重大贡献的技术人员。

③创新奖。在生产、管理、技术等方面进行革新并取得业绩者。

（2）榜样激励

根据各部门的推选，对于那些不断取得进步的员工及持续取得优秀业绩的员工，由公司对其事迹进行调查核实，经公司领导批准，最终每季度选取一名榜样。

榜样人物是指在某个方面工作优秀的人，而非处处都优秀的完人。因此，选择榜样人物并非要有极其突出的事迹，哪怕是平凡的员工在自己的岗位上比别的员工业绩高，也可以被树立为榜样。比如，采购部门里使成品库存成本降低、售后服务质量提高等事件，都可以请出幕后的管理者来介绍经验。

公司在公告栏刊登该榜样员工事迹，号召全体员工向其学习。并定期组织榜样人物做报告，一方面，对榜样员工来讲，是对他工作成果的认可，可以起到对他的激励作用；另一方面，对其他同事也是一种激励。

让榜样人物为新进员工做报告或培训。对新员工的培训应该包含很广泛的内容，不光是需要培训专员对公司的历史、现状、未来发展做介绍，公司应定期请来优秀的员工，就某一个方面、某一个项目向新员工介绍经验。

（3）情感激励

公司可以定期邀请员工家属参加公司活动，给家属报告员工在公司的发展情况，了解员工及其家庭的基本情况；对于家里经济比较困难的员工，逢年过节给他的亲人寄一些慰问金，以表关心；对于比较能干的员工，经常谈心，给优秀员工父母写信或者寄礼物，以使员工能够安心地工作。

每年的春节前，由人力资源部负责统计年度A类、B类员工及其他优秀员工，准备好统一的公司信封和内容，给年度A类、B类员工及其他优秀员工的父母写信或寄礼物，让其家人也分享员工在工作中的成果。

请假：面对同事频繁的请假申请，要如何处理

对于HR来说，面对同事频繁的请假申请，该如何处理？

建议一：制度先行

管理企业，最重要的不是人治，而是通过制度来管理。因此，遇到这种问题，有了制度的约束，员工才会有所顾忌，才不会放肆地请假。一旦公司有了相关制度，我相信他会有所收敛。

需要建立的制度主要有两个：

一、员工考勤管理制度

这个制度主要是规定员工请假的问题。员工请假，一定要有审批，不能口头请假。

比如，请假程序及规定如下：

（1）除休息日和法定节假日外，任何类别的假期都必须事前审批，并报人力资源部门登记备案，未办妥请假手续，不得先行离岗，否则以旷工计。

（2）因故请假，由本人填写《请假单》，视情况由部门负责人、人力资源部、副总、总经理或董事长审核签字，待安排好工作后方可离开工作岗位，返岗时须及时销假，《请假单》由人力资源部门备案，作为月末考勤统计依据。

（3）若员工在请假期满后仍不能到岗，原则上须提前一天由其部门负责

人代办续假手续，若未办理续假手续或续假未获批准仍不按时到岗者，除确因病或临时发生意外等不可抗力事件外，均以旷工计。

（4）公司员工若因不实事由请假者，一经查实，所请假期即以旷工计。

二、员工奖惩制度主要是针对违反请假条例进行惩罚

员工经过同意后的请假，是不能辞退的。但是，如果员工频繁请假，该怎么处理呢？可以采用累计法。

员工有以下行为者，予以辞退：

（1）员工未经同意，擅自离开工作岗位的，视为旷工，连续旷工三天或者累计旷工五天者，视为严重违反公司的规章制度，可以辞退。

（2）无正当理由，未完成工作任务50%以上，影响公司利益的，给予记过处分；年度内累计记过三次的，视为严重违反公司的规章制度，可以辞退。

（3）不服从主管人员合理工作安排，屡劝不改的，给予记过处分；年度内累计记过三次的，视为严重违反公司的规章制度，可以辞退。

当然相关制度的制定，要经过公司民主程序，通过后需要告知员工，让员工签字确认，这样的规章制度才有法律效力。

> **建议二：用人部门处理**

用人部门作为员工的直接管理者，对于员工的频繁请假行为，负有第一责任。因此，员工频繁请假，用人部门需要第一时间想办法处理。

有哪些办法呢？主要有三种：

（1）沟通法。用人部门负责人应该与员工及时沟通，了解员工请假的真实想法，只有了解员工内心的真实想法，才能有针对性地提出解决方案。如果员工真的是需要频繁请假，而且合理的话，那就要批准。但是如果不合理，那就直接拒绝。

（2）直接拒绝法。公司的规章制度规定，员工的请假，需要上级领导的批准才可以。我相信，员工请假总是需要理由的，也许今天是"家人生病"，明天是"出了一点事"，上级领导应该指出哪些假是没有必要请的，然后直接拒绝请假。

（3）以工作为理由。公司招聘员工进来，是要帮助公司做事的。因此，任何人都有义务完成公司交办的工作任务。处理任何事情，都要以完成工作任务为前提。

建议三：HR处理

HR处理，是在用人部门无法搞定员工的前提下。这时，说明员工的心可能已经不在工作上了。所以，对公司来说，对这位员工的处理办法，要么让他自己辞职，要么公司辞退他。

比如，员工如果擅自旷工，那就要给他发通知，告知他已经旷工，如果他旷工三天以上，可以以严重违反公司规章的规定来辞退他。

员工经常请假，必然会对工作有影响，可能会不胜任岗位，公司也可以给他调整岗位，并给予培训。如果还是不胜任，可以以不能胜任工作的规定来和员工解除劳动关系。

总之，面对频繁请假的员工，要循序渐进，要有理有据，只有这样，才能把公司的风险控制在最低。

会议：高效会议的六大原则

作家杰弗里·基廷曾说过："创业公司里，注意力是一种稀缺资源。所以，不如用开会的时间去做点别的事情。"

但是，很多公司常年不开一次会议，这也是存在问题的。那该如何做，才能让会议效用发挥到最大呢？要遵循以下六大原则：

原则一：要按对象分

召开会议的次数，总体来说要少而精，但也不能一刀切。具体召开会议的次数，要根据不同的情况、不同的岗位、不同的层级来定。

（1）不同的情况

有些工作问题比较多，需要沟通比较多，那就需要多开会。比如，项目型的工作，既要对内沟通，又要对外沟通，且问题很容易出现，衔接性比较强，涉及的部门也比较多，这种情况，必须开会才能解决问题。

（2）不同岗位

一般来说，职能型岗位开会次数不要太多，如人力资源岗位，可以每周开一次；销售岗位、操作岗位、易出错的岗位，则应加大开会的频率，可以每天开一次；普工、品质工、服务员等一些容易出错出问题的岗位，每天必须开会是很正常的，这样才能掌控员工的工作质量。

（3）不同层级

总的来说，管理层岗位要多开会，而执行层岗位要少开会。层级越高，开会次数越多。因为开会是一种沟通，而中高层平时就是要多沟通，才能让公司发展得越来越好。

原则二：要短而高效

如何做到高效呢？最重要的是要有议题。开会要有一个目的，是要解决什么问题。然后围绕要解决的问题谈建议、谈看法、谈解决方法，其他的废话少说。

原则三：要有拍板人在

没有拍板人的会议，很可能是无效的。

原则四：不要期望靠会议来解决问题

优秀的管理者永远不会期望通过会议来解决问题！

开会永远是最后的选择！

原则五：要有跟踪

有些会议非开不可，那开了就要有结果，有结果就一定要跟踪。

所以，开会的时候，要有会议纪要，会后，要发给相关参会人员。同时，对在会上要求完成的事项，要有责任人，要有完成时间，到时间后，要有验收和通报等。

原则六：要有时间观念

会议时间的安排，要么在上班前，要么下班后，不要安排在中间。

比如，你们公司上班时间是8:30~12:00，13:30~17:30，那你的会议安排时间可以选择在8:40~9:40，11:00~12:00，13:40~14:40，16:30~17:30。

开会前，要预估好结束的时间，尽量在规定的时间内结束，以免耽误大家的工作。

建议：如何向上级领导提建议

HR在实际的工作中，经常会遇到很多问题，需要为此向老板汇报。

但是，很多人却并不会提建议。提建议可不是简单地把你的想法讲出来就行。

在向领导提建议之前，需做好以下三点：

一、把问题先捋清楚

比如，公司最近离职率比较高，你要先做好分析，员工离职率高是什么原因。

你最好对这些员工进行逐一的离职访谈，尽量了解真实的原因。然后针对这些原因，你要先提出可行的解决方案。

二、带着方案去找老板

在你考虑好解决方法之后，你就可以去找老板了。找到老板之后，你可以先向他提出问题。让他知道你认真考虑过这些问题，你是有准备的，让他相信你是有能力解决这些问题的。

在这里，我想跟大家强调的一点是，你的解决方案最好不要只有一个，而是要有两三个。因为老板喜欢做选择题，而不是判断题。

三、你要了解老板的喜好、看重点

向老板提建议，你要了解他的喜好和看重点，否则，你很难和他沟通成功。

有些人看重方案的可行性，有些人看重方案的创新性，有些人看重方案少花钱……这些喜好，都是需要你提前了解清楚的，这样才能提高你和老板沟通的效率。

Part 2:

进阶篇

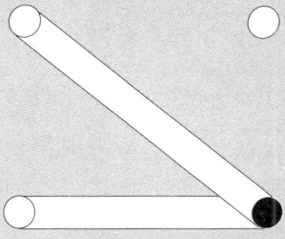

原则：做好人事行政工作的三个黄金原则

如何才能做好人事行政工作？

人力资源管理，顾名思义，就是做跟人有关的工作，所以"人"的工作没做好，不管你多努力，有可能你都只是一头勤勤恳恳的牛，只有累死累活的命。

因此，做好人力资源管理工作，除了尽忠职守，你还要坚持这三个原则，才能让你的工作锦上添花，工作更加顺利。

原则一：公平公正

公平公正是建立人力资源与行政公信力最重要的环节。在从事人力资源工作时，一定要关注制度和结果的公平公正。

第一，制度公平公正。

人力资源管理中最重要的一种激励理论，就是公平理论。公平理论是以员工的投入和他获得的报酬相比较，员工在心理上对这种比较的结果加以判断，从而在员工的心理上产生是否公平的感觉。它既包括员工与其他人的比较，也包括员工现在与过去的比较，在一个公平的环境下，可以激励员工的工作积极性。

比如，人力资源工作中的薪酬定位，就需要公平公正。一个人做出了成绩并取得了报酬以后，他不仅关心自己所得报酬的绝对量，而且关心自己所得报酬的相对量。他要进行种种比较来确定自己所获报酬是否合理。

薪酬制度的公平性体现在两个方面：

内部公平性。员工会与企业内部其他职位的员工进行对比。例如，员工常常把自己的工资与比自己级别低的职位、与自己级别相同的职位以及比自己级别高的职位所获得的工资进行对比。内部公平是相对公平，不是绝对公平。在设计薪酬制度的时候，工资结构的制定就是为了解决内部公平性。

外部公平性。外部公平，即公司的整体薪酬水平必须充分考虑市场的整体薪酬水平和薪酬实践趋势。强调的是本企业薪酬水平同其他组织的薪酬水平相比较时的竞争力。保证外部公平的方法是通过薪酬调查，了解竞争对手的薪酬水平情况，通过竞争对手的薪酬水平信息决定企业的薪酬水平。

第二，结果公平公正。

薪酬中的结果公平，是将员工的薪酬与个人绩效结合起来，从而保证绩效越好的员工薪酬越高。还有非常重要的一点是，对企业中处于相同岗位人员的薪酬，进行公平比较，是人力资源管理必须要考虑的。很多招聘人员在招聘新员工的时候，出现因人设岗的情况，导致新员工比老员工工资高，最终损害的是团队的战斗力。

在实际的工作中，可能你的专业能力很强，但是，一旦你触犯了公平的原则，可能会招致工作的失败。

所以，无论是在招聘、薪酬定位、福利分配上，HR要时刻谨记公平公正这个原则，只有这样，你的工作才能真正获得用人部门的认可，减少自己的麻烦。

原则二：先搞定人

很多HR总是抱怨，在公司开展工作很艰难。唯一的办法就是与用人部门建立信任的关系，让他们自主地完成各项人力资源管理工作。

当你觉得工作难开展的时候，可能不是你的方案出了问题，而是人出了问题。学会和用人部门互动，把你和用人部门的关系理顺，做事就顺了。

原则三：格局站位

人力资源虽然不是高管的职位，却需要你有着高管的格局。比如做招聘。

招聘人员是公司人才引进的第一判官，如果招聘人员格局不大，很难帮助公司招聘到优秀的人才。一只羊的领导很难带出一帮狼的团队。同样，一个自身修养差的招聘人员，也很难招聘一个比他还优秀的员工。再大的烙饼也大不过烙它的锅，这样只会让公司招聘进来的人越来越差。

格局站位对HR的职业发展同样有帮助。

格局决定结局。所谓格局，就是指一个人的眼界和心胸。人处在同一个时间和空间看问题会存在眼光的局限性，从高处和长远的角度看，很多事情就会变得简单而有节奏，而你的思维也会摆脱当前身份的局限，实现更大的突破。

比如有些HR会有一种"屁股决定脑袋"的行为，做着招聘的工作，就不管培训，做着培训的工作，就不管绩效，这些都是狭隘的短视行为。

"只管自家门前雪，哪管他人瓦上霜"，这样的行为只会让你变得封闭，也会让你的职业发展变得缓慢。

如果要快速发展，提升格局站位，或许会让你变得不一样。

沟通：如何提升沟通力，成为一个受欢迎的HR

小邓今年37岁，在一家公司做生产经理。他管理的员工经常会为了一些鸡毛蒜皮的小事情，来麻烦小邓处理。

员工：邓经理，我们的奖金什么时候发？

小邓一听这个问题，脱口而出：奖金你们不用担心，肯定有的。上次老板跟我说了。

员工一听，心安了不少。这位员工回去之后，跟其他所有人说：大家不用担心奖金的事，公司会给我们发的，领导给我们保证了！

谁知道过了几天，老板通知各部门经理开会：受疫情影响，公司所有奖金停发，而且还要降一部分工资。

当小邓把这个消息告诉员工的时候，员工瞬间炸锅了。

员工：当初你说公司一定会发？

面对员工的问题，小邓一时也不知道该说什么好，陷入了被动的局面。

其实，小邓的问题，不是奖金不发的问题，而是他在跟员工沟通的时候，犯了一个错误：不善于做迂回沟通。

小邓在不确定的情况下，却给员工一个肯定的答复，这在很大概率上会出问题。

所谓迂回沟通术，就是跟别人沟通的时候，面对一些问题，不做正面回答，而是通过一些迂回的方式跟别人沟通，做到既令对方满意，也为自己找到更多可回旋余地的沟通方式。

为什么说学会迂回沟通术，对管理者很重要？原因主要有三点：

（1）有时候，不直接还击威力更大。

（2）能够杜绝因说话带来的风险。

（3）能够为事情的发展带来扭转局面的空间。

对于管理者来说，迂回的沟通术，能帮助你为事情的解决找到扭转局面的空间。

虽然迂回沟通术对管理者很重要，但是很多管理者也会困惑：自己本身沟通表达能力不好，情商也不高，该如何做，才能提升迂回沟通能力呢？在这里，给你介绍三个方法：

方法一：说话不要太满

作为管理者，说话永远不要太满。

说话太满，意思是说话太绝对。比如文章开头的小邓，给员工保证奖金一定发，这就是说话太满。

对于一个管理者来说，很多事情都是不受你控制的，你给员工的所有承诺，都需要公司审批才能实现。

哪怕是已经审批通过，也有可能会生变。在事情没有真正落地之前，都不要把话说得太满。

管理者说话太满，太容易给别人承诺，会让别人觉得你不够成熟。因为承诺容易，但是实施不容易。

如何才能做到说话不要太满呢？有三个技巧：

技巧一：凡事要加上"原则上"三个字。

技巧二：不要绝对化。

技巧三：不要以当时的情景去判断未来。

方法二：采用延迟解决术

延迟解决术，是指不当时解决员工提出的问题，而是把员工提出的问题延后，以发现更多的可能性，让主动权掌控在你的手里。

延迟解决术可以采用以下步骤：

步骤一：倾听员工的诉求。

了解员工的诉求是什么，以做好下一步的准备。

步骤二：不当时解决，并给出合适的理由。

对于员工的诉求，不当时解决，并向他说明理由。

步骤三：了解实际情况。

根据员工的诉求，去了解真实情况，为解决员工的诉求做准备。

步骤四：解决问题。

根据了解的情况，实事求是地解决员工的诉求。

举个例子：

比如，有个员工找你投诉。

员工：经理，现在有件事要跟您说下，公司的电工小李，经常在上班时间偷偷跑出去，然后等快下班的时候再回来。

领导：哦？有这事？

（这是步骤一：倾听员工的诉求）

员工：经理，这个小李很可恶，根本不把公司的规章制度放在眼里！

领导：这件事非同小可，我回去了解一下情况再说。

（这是步骤二：不当时解决，并向员工说明理由）

员工离开后，你要开始了解小李是否真的存在这种情况。比如，通过公司的监控，来查找小李的出勤情况等。

（这是步骤三：了解实际情况）

领导：你反映的情况确实属实，公司会依据公司的规章制度进行处理，谢谢你的反馈!

员工：好的。

（这是步骤四：解决问题）

通过以上步骤，能够让你在跟员工沟通的时候，时刻把主动权掌握在你的手里。

方法三：学会高情商讲话

所谓高情商讲话，就是说话让人舒服。那怎样才能学会高情商讲话呢？可以采用以下步骤：

步骤一：控制情绪。

高情商的人，都是控制情绪的高手。只有不受情绪的控制，才能让你成为控制局面的人。

步骤二：发现对方的漏洞。

对方对你所讲的话，或许对你有攻击性。这时，你要学会发现对方的漏洞，以找到反击的基点。

步骤三：以其人之道还治其人之身。

高情商的人，讲话从来不是直接吵起来，而是以其人之道还治其人之身，这样，才能显示你的高情商。

举个例子：

比如，你是生产经理，在会议上，销售经理投诉你们生产及时性差，导致客户投诉很多。

这个时候，你该怎么来表达呢？

你可以采取以下的步骤：

步骤一：控制情绪。

不管别人怎么攻击你，你都应该表现大度。这个大度，不是让你忍受，而是不要被对方激怒。如果你发怒，那你就中了他的圈套。对你发起刁难的人，他们的目的就是让你失态，从而失控。

因此，面对别人的挑衅，你要让自己平静下来，泰然处之才能从容面对。

步骤二：发现对方的漏洞。

销售经理投诉交货及时性，是因为他只看到你的问题，却没有看到这个问题背后的原因。比如，之所以生产交货及时性差，是因为公司没有钱买原材料，而没有钱，是因为销售回款差少。这就是销售做得不好的地方。

步骤三：以其人之道还治其人之身。

因此，你可以笑着说："确实不够及时，上个星期我们员工准备加班加点做事，可是发现，竟然没有原材料。询问采购部，采购部说销售部回款太少了，没钱买原材料！至今公司还有应收账款好几十万元。"

小结：

真正的管理者，不是靠你的威权去获得别人的信任，而是通过跟你的沟通，让别人感受到你的真诚、谦虚和大度。

而这些，可以在你跟别人沟通的过程中，采用迂回的沟通术来获得。掌握了迂回沟通术，你的沟通能力会提升一大截！

思维：优秀的领导，都具有反思维能力，如何提升

　　什么是反思维能力？我对它的定义是：以传统思维为基点，找到解决问题的新思路，从而更好更快地解决问题。

　　反思维能力可以让你回归到问题发生的根源，从而找到问题的本质，最终找到解决问题更好的办法。

　　因此，作为一名优秀的领导，必须要具备反思维能力。

　　今天我们来看看如何练就反思维能力。反思维能力有四个要素，详见图2-1：

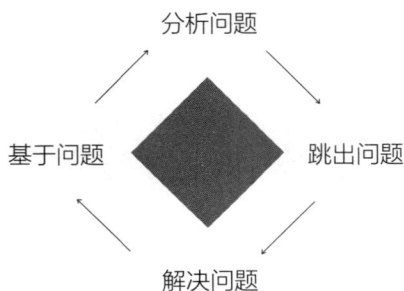

图2-1　反思维能力四要素

一、基于问题

　　反思维能力本身不是针对人，而是针对问题本身。就像你的下属犯错了，如果你是基于他这个人，那你肯定会对他这个人做出评价，那你就很难有新的

思维模式产生。因为对一个人旳评价，很容易产生"刻板印象"。刻板印象是指个人受社会影响而对某些人或事持稳定不变的看法。比如，你的下属某一天开会迟到了，你可能会在心里形成对他的刻板印象：这个人喜欢迟到。

但基于问题的话，你就会了解：他迟到，或许是因为他刚刚在解决一个客户的问题。所以，基于问题，你才会有反思维能力。

二、分析问题

分析问题是反思维能力的第二个要素。具备超强反思维能力的人，都善于分析问题。善于分析问题，主要包含两个方面：

（1）分析问题发生的背景

任何问题的发生，都是有前提和背景的。比如，一个客户投诉你们公司的产品有问题，它的前提和背景会是什么呢？可能是他不会使用，也可能是你们的产品没有满足他的需求。不同的背景下发生的问题，其解决方法是不一样的。

（2）分析问题产生的原因

一个问题的产生，其实有无数个原因。当然，为了解决一个问题，你不需要穷尽所有的原因，你只需要把最重要的几个原因分析出来就好了。

分析问题，你只需要分析以下三种原因：

·客观原因

你要了解这个问题的产生，有没有一些原因是无法改变的。例如，国家政策等。对于个人来说，你是无法改变国家政策的。

·主观原因

同时，你要了解问题的背后有哪些主观原因。了解主观原因，就是要找到解决问题的突破口。

·根本原因

造成一个问题有很多原因，但它肯定只有一个根本原因。这是反思维能力的基点。

三、跳出问题

反思维能力，要求你能够跳出问题本身去寻找答案。很多人在遇到问题时，都会被自己的思维框架所限制。

现在很多企业在招聘或者提拔领导的时候，不再唯年龄和经验论，而是更加看重他跳出框架解决问题的能力，其实，就是希望领导能够具备反思维能力。

对企业来说，面对的竞争环境是日新月异的。在苹果手机还没有出来之前，谁都不会想到诺基亚手机会没落得这么快。

当一个问题，用你的传统思维不好解决的时候，你就要学会跳出问题去寻找答案。

四、解决问题

反思维能力，最终的目的是要解决问题的。

反思维能力是要解决当下的问题的，否则，你就会掉进为了反思维而反思维的误区。因为反思维需要你打开你的思维去寻找解决问题的答案。只是，你需要落地。

接下来，我们来看看如何运用反思维能力，来帮助你快速提升领导力，成为一个有魅力的领导者！

（1）反思维能力运用于解决问题

作为一名领导者，每天都需要解决问题。不同的领导，其解决问题的效果不同，而不同的效果则会产生不同的结果。

比如一个行政经理，他可能经常会遇到企业安全的问题。有一天，公司的电脑被盗了，老板大怒，要求行政经理彻查到底。

具备反思维能力的人，他会基于公司电脑被盗窃的问题，分析出电脑被盗窃的原因：

第一，员工的问题。出于私欲的满足，所以盗窃。

第二，企业的问题。公司防盗机制存在安全漏洞，给犯罪分子钻了漏洞。

第三，机制的问题。公司在招聘选人时出了问题，把有犯罪记录的人招进来了。

当他跳出电脑被盗这个具体事件去思考问题的时候，他的决策就会改变：

第一，报警，抓到盗窃犯，解决公司电脑被盗的问题。

第二，排查企业存在的安全漏洞，发布通告，提高员工安全意识，杜绝类似事情再次发生。

第三，从人的身上去解决根本的问题，通过背景调查等方式，杜绝有前科的员工进入公司。

因此，解决任何一个问题，都要善于运用反思维能力，这会让你解决问题的能力得到快速的提升。

（2）反思维能力运用于沟通说服

我以一个真实的例子来告诉你，具备反思维能力的领导，在沟通说服上会有多么卓越的表现。

A是公司的生产经理，而B是公司的安全主任。有一天，A的下属向A反映，自己没有劳保鞋，而公司生产作业的地方，有时会有铁钉出现，很容易碰出血。于是，A去找B，要求B给自己的下属提供劳保鞋。

B听了A的要求后，说："这不关劳保鞋的事，是你们自己没有注意做好铁钉的管理。"

A一听，觉得这并不是解决问题最好的方法，于是说：

"第一，《劳动合同法》有明确规定，企业应该要为员工提供劳动保护。而我的下属作为一线员工，经常会遇到一些铁钉等容易刺伤脚的东西，企业本来就有义务为这些员工提供劳保鞋。

"第二，保护员工安全本来就是安全主任的职责，现在员工的安全得不到保证，你却把责任推给我们，这根本就是在推脱职责。

"第三，员工的安全得不到保障，到时出了工伤，公司保护不力，到时赔的钱可要比这一双劳保鞋的钱多得多。"

安全主任一听，一句话也说不出来。只好说："我跟领导申请一下。"

各位，运用反思维能力去沟通说服，你要学会基于问题本身，找到问题的本质所在，找到沟通说服的点，最终才能达到沟通说服的目的。

（3）反思维能力运用于管理下属

什么是管理？管理就是因人因事因情因景不同而不同的事情，管理更多的是一门艺术。

举个例子：如果你的下属是一个很难管的人，该怎么办？

如果你具备反思维能力，你可能会这样做：这下属这么难管，难在哪里呢？传统思维会认为是下属的问题，但是，他的需求是什么呢？他的需求也许是追求授权。正因为他想自由发挥，所以难管，那我就授权给他做。做好了，我表扬他；做不好，我再批评他。

说服：你的劝说为什么总是无效

当你找到一个理由去劝说对方的时候，对方总是会找到一个合理的理由反驳你。当你和对方的讲话不在一个频道上的时候，你们之间的对话就会像拉锯战一样，没有结果。

为什么你的劝说总是无效？这主要有三种原因：

原因一：你的劝说只是在说教

说教型劝说是指站在自己的角度，去给对方提建议。最典型的说法有"你应该怎样""你这样做才行"'你不这样做，就会怎样"。

这样的劝说，就是说教型劝说。这完全是站在你的角度，去给对方提建议。说教型劝说，对方一般只是听了，但是不一定会去做。因为这跟他的观念相悖。

原因二：你的劝说没有考虑对方的感受

这属于苦口婆心的劝说。看似是为对方好，其实没有考虑对方的感受。

举个例子：

女儿正处于热恋中，她是听不进去妈妈的劝说的，因为她相信自己的眼光。她有自己的判断标准。所以无论妈妈怎样苦口婆心地劝说，女儿都听不进去。

原因三：你的劝说只是说你有多好，却不了解对方的需求

这属于王婆卖瓜型劝说。三婆卖瓜型劝说，是一个劲地跟对方说你自己有多好，而全然不顾对方的需求。试图告诉对方你有多好，从而接受你或者你的观点。

厉害的劝说高手，绝不仅是口才好，更重要的是，他还能够知道对方想要什么、理解对方的感受、站在对方的角度想问题。因此，要让你的劝说有效，弹无虚发，你的劝说，必须做到以下三个步骤：

步骤一：了解对方想要什么

当你想要劝说对方要做什么或者不做什么的时候，不要一开口就贩卖你的观点和建议。在你不了解对方想要什么的时候，就讲你的观点，这是一种撞大运的表现。如果你的建议刚好是对方想要的，那你的建议就是有效的，但是，大部分时候，你的建议都不是对方想要的。

步骤二：不要180° 扭转对方的需求

很多人在劝说的时候，会想着一下子就扭转对方的需求，达到劝说的目的。其实，这样会让你的劝说失败。

在你劝说某一个人的时候，不要想着一下子就把他扭转到你想要的局面，那可能会让你事与愿违。你可以先顺着对方的需求，然后再想办法一点点地扭转，只有这样，他才会在你的引导下慢慢接受你的观点。

步骤三：站在对方的角度去表达

站在对方的角度去表达，就是你说的话，要让对方觉得你是在为他着想，而不是只是站在你的角度去给建议。当他能够感受到你是在为他着想，你是想帮他解决问题的时候，他就会听你的。如何做到站在对方的角度去表达呢？

首先，让对方感知到做这件事的坏处。

其次，给对方一个置换的解决方案。

当他感知到你说的坏处之后，他未必会行动。为什么？因为大部分人，不是不知道，只是不知道如何做。所以，劝说别人，不要只讲道理，更重要的是，你要帮助他去行动，最好的办法就是给对方一个置换的解决方案。

自信：如何提升自信，让你轻松做好当众讲话

很多人当众讲话都会紧张，这是由多方面的因素造成的。因此，如果要彻底改变这种现状，就必须从多维度入手。今天给大家介绍三个模型，让你从内而外改变自己，变得自信，不再紧张。

第一个模型：自信养成路径

一个人的自信是可以通过训练获得的。这个自信养成路径是：

萌芽→尝试→能力→肯定→自信

萌芽：萌芽就是你要有提升自信的欲望。提升自信，一定是要自我的觉察，而绝不是靠他人的促动。

尝试。当你有了行动的欲望之后，你就要开始去尝试，去行动。比如，你不敢跟异性讲话，如果你要提升这方面的自信，那你就要尝试去跟异性讲话才会有所改变。

能力。如果你没有能力，那所谓的自信都是虚张声势，没有底气。所以，训练你这方面的能力，是你养成自信的基础。

肯定。你具备能力，并不一定就有自信。而只有这些能力受到肯定，才会激起自信的意识。得到的肯定越多，那么自信度就会越高。

假如你在公众场合给客户打电话不够自信，容易紧张，该怎么来锻炼这方

面的自信呢？按照上面的自信养成路径，你可以这样做。

首先，你意识到，要采取行动去提升你的自信（这是自信的萌芽）。

其次，你开始采取行动，在公众场合打电话。你在这方面越不自信，那你就越要在这方面采取行动（这是尝试改变）。

再次，你要提升你跟客户打电话聊天的能力。你之所以不自信，可能是因为不善于向客户介绍产品，可能是因为不能很好地回答客户的问题，可能是因为你觉得你的声音不好听等。只有找出你的能力弱项，并有针对性地提升这方面的能力，你才会变得自信（这是提升能力）。

最后，你要对你的变化进行肯定。比如，你能够顺畅地向客户介绍公司产品了，你的声音变得更大了，等等。当你找到这种变化的时候，你的自信就起来了，而且随着你得到的肯定越多，自信也会越多（这是肯定）。

第二个模型：气场模型

那到底什么是气场？气场又该怎么修炼呢？

气场包含三个要素：心定、形定、神定。

心定。就是你的情绪是平静自然的，你的状态是兴奋而又有所收敛的，你的能量是外发而又能感染人的。

形定。你的外表是专业的，你的一举一动给别人的感觉是稳重的。

神定。你的信念是坚定的，你对别人是充满感恩和爱的。

以上三方面的因素，决定了你的气场，如下图所示：

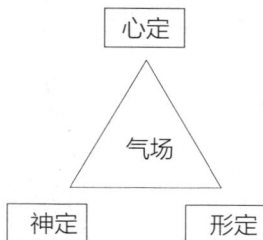

图2-2　气场铁三角

那我们该如何来修炼气场呢？针对以上的三个要素，你可以采取以下的方法：

（1）训练心定

可以从三个方面来训练心定：

①放松情绪。要让你的情绪放松，就要经常做深呼吸练习。但很多人在这方面是有误区的。比如，紧张的时候才做深呼吸，其实，这对你克服紧张帮助不大。这种深呼吸练习，要在平时就多加训练才会有效果，而不是临时抱佛脚。平时没事的时候，可以深深地吸一口，屏住呼吸4秒钟，然后再慢慢吐出来，这对你的气息稳定也是有帮助的。

②目光训练。跟别人沟通的时候，要敢于和他有目光的接触。如果你讲话容易心烦意乱，你下次可以和对方进行长时间的对视，你会发现改观很多。

③内心要正、诚。正就是正直、正能量，诚就是诚实、诚信。当一个人正直，具有正能量的时候，他是光明磊落的。那他讲话则是诚实诚信的，他也不会躲躲闪闪。

（2）训练形定

杨澜说过，别人没有义务通过你糟糕的形象去发现你优秀的内在。

你的外在形象决定了你给别人留下的第一印象。所以，如果你要让你的气场变得强大，那你的外在形象一定要是专业的，你的言行举止一定要是稳重的。

（3）训练神定

每天早上起床，你要默念以下三个信念：

我感恩他人，他们对我提出表扬是认可我，他们对我提出批评是在帮助我成长。

我为自己感到骄傲，我为自己有能力帮助他人而感到快乐。

当我站上舞台，我希望自己能够为听众带来有价值的东西，只要他们能够成长就可以。

当以上三个信念能够深入你的灵魂深处，我相信，你的能量会是巨大的，因为你是无私的，无私的人内心才是强大的！

第三个模型：神经链调整术

其实，很多人的不自信，是由于长期持久的刺激已经形成了条件反射。引起我们不自信的因素一旦出现，那我们就会本能地出现不自信的表现。也就是说，不自信的因素和我们的神经链产生了连接。要重新让我们变得自信，我们就必须截断这些连接，并将自信的因素和我们的神经链产生连接。如何做到呢？人们的一切行为都是为了逃避痛苦和得到快乐，借着这股力量可使我们旧有的行为改变，也可以帮助新行为定型，这套方法我称之为"神经链调整术"。

如何使用这套方法呢？这套方法有五个步骤：

步骤一：找出不自信的原因。首先，你要了解不自信的原因是什么，最好把它写下来。

步骤二：把不自信和痛苦连接在一起。当你不自信的时候，有什么感受？

步骤三：把自信和快乐连接在一起。当你变得自信的时候，会有什么感受？

步骤四：终止旧有的行为模式。用自信的感受代替不自信的感受。

步骤五：加强连接。不断加强自信的感受，使之成为习惯。

接下来，我举个例子，让你能够对这套方法有更深刻的了解：

比如，你对当众讲话不自信，不敢当众讲话，不敢跟陌生人沟通，那你可以通过以下几点来建立你的自信：

（1）找出你不自信的原因比如，因为害怕出丑、因为胆小等。

（2）把不自信和痛苦连接在一起。你要把不自信和这辈子最重要的事和最害怕的事连接起来。如果你不自信，那你这辈子会幸福吗？会有钱吗？你这辈子很大可能会一事无成，过得不幸福。

（3）把自信和快乐连接在一起。如果你变得自信了，那你是不是就可以变得幸福，跟家人的关系，跟领导和同事的关系都会变得很好？你这辈子也会事业有成，能帮助更多的人。

通过加强这一点，来提升你自信的感受。

（4）终止旧有的行为模式。如果你不自信，那你的行为模式就是觉得处处不如别人。所以，你要用自信的行为模式来替代旧的行为模式。

（5）加强连接。通过上面的步骤，你一定对自信的感受有了体验，那你接下来要做的，就是要加强你自信的感受。这种感受，至少需要你坚持21天以上，才能变成你的习惯，最终变成你的潜意识。

价值：HR职业发展的出路，是提升你创造价值的能力

前段时间，有一个HR找我咨询。她一开口就跟我抱怨说，现在在公司做的事情都是一些杂事，很没有成就感。而且感觉老板并不重视人力资源。她在这家公司已经工作了三年，可是越做就越觉得无力。慢慢地，她厌倦了HR这个职业，觉得前途一片迷茫。

其实，对于大部分HR来说，经常有无力感，无非两种原因：

第一，工作太被动，等着领导来吩咐。

第二，大多看到工作本身杂事多，却无法看到自身的不足。

基于此，HR如果要得到公司的重视，成为一个有价值的HR，我有以下几点建议：

一、价值输出

职场的底层逻辑是价值交换。公司招聘你进来，也是希望你能够为公司创造价值。谁创造的价值高，谁在公司就有地位。

所以，新人最重要的是要提高自己创造价值的能力，从而提升价值输出。

围绕你的岗位职责，通过高效的执行力，创造超出领导期望的价值，是你得到重视的根本。

在一年的周期里，你除了把一些琐事做完了之外，最好还要主动去做一些比较大的项目性工作，否则，作为HR很容易被业务部门忽视。人力资源部门之所以总是被业务部门诟病没有创造价值，是因为他们总是认为HR部门不

赚钱，所以HR不能只做招聘，只做一些基础的事务性工作，还要参与到一些人力资源项目性的工作中去，例如人才盘点、任职资格、专题培训工作等。要创造让业务部门能够感知的价值，必须把这些项目的有用性和业务经理深入沟通，解决他们的痛处，才能获得他们的认可。

二、利用优势

新人进入职场，要学会利用自己的优势来为职业生涯发展加分。

新人进入职场，要善于找到自己的优势，并为自己在团队里找到发挥优势的平台，这样，你一定可以得到领导的重视。

三、学会沟通

沟通是每一个职场人的必备技能。研究发现，那些善于沟通的员工更容易得到领导的青睐。在职场中，很多方面都需要沟通。最重要的场合是工作汇报。

要让工作汇报得到领导的认可，需要做到以下几点：

（1）总结先行

每次做工作汇报的时候，记得先说总结。比如，你想跟领导汇报项目的进展情况，那你可以先说这个项目的总体情况是怎样的。然后再展开说其他存在的问题。

（2）汇报要简短

领导一般事情比较多，除非你汇报的事情很重要，否则不要占用领导太多时间。所以，你的汇报最好简短而重点突出。

（3）最好用聊天的方式去汇报

很多人见到领导会紧张，所以汇报工作变得很正式。其实，最好的方式是聊天。你可以在跟领导沟通前，先跟领导聊一下非工作的话题。

HR职业发展的出路，是提升你创造价值的能力，希望处在迷茫期的HR，静下心来，好好打磨自己的能力，或许，这样对你的发展更有好处。

思路：如何让你工作变得有思路

常听人评价某一类人：这个人做事没有想法。这种人做事不够主动，上级叫他做什么才做什么。归根结底，不是这种人笨，也不是这种人懒，而是这种人工作没有思路。

没有方法论，就没有思路。方法论主要解决"怎么办"的问题，而且方法论是可以习得的。想想你刚大学毕业的时候，对于职场上的技能，也是什么都不熟悉。但随着工作经验的积累，就逐渐变得条理清晰，技能熟练。

在这里，给大家介绍一个工作思路的万能公式：

Why（为什么）+What（是什么）+How（怎么做）

一、Why（为什么）

做任何事情，你得有个目的。

不管是领导叫你做事，还是你自己做事，做之前，都要问问自己，做这件事的目的是什么？

目的决定你做什么。你所做的任何事都要围绕你的目的，否则就是白做了。明晰了你的目的之后，你会发现你的思路开始清晰了。

二、What（是什么）

很多HR没有工作思路，其实是不知道HR都该干什么。

那该如何来提高这方面的能力呢？

最好的办法，是用一张表，把你所要负责的事情，都详细地列出来。

比如，在某公司，HRBP（人力资源业务合作伙伴）要干什么？可以列一张表出来：

表2-1　HRBP工作清单

类别	事项	HRBP 应负责任
招聘	人力预算	编制预算并完成评审
	人员招聘	负责总监以下岗位；协助总监及以上岗位
	人员调配与优化	事业部内部调配零星人员、参与批量性人员优化
	内部竞聘	人员选拔
培训	培训计划编制	部门培训计划的编制
	培训的实施	部门内的培训实施
	在线学习平台的管理	跟进本部门课件的上传、学员学习行为管理
	新员工管理	新员工培训导师明确、培训计划制订、总监以下岗位人员的转正考核
绩效管理	绩效管理制度执行	绩效目标、辅导、绩效评价结果的收集上报、绩效沟通的跟进
	绩优员工管理	绩优员工的宣传、表彰
	低绩效员工管理	PIP的制定与跟进处理
薪酬福利		不涉及
人事管理		不涉及
员工关系		部门内日常沟通、活动的组织，协助公司大型沟通与活动
人力资源解决方案		结合公司要求和业务特点，制定专项人力资源解决方案

有了这张表，你的工作思路就有了。

HR要想胸有成竹，有时就靠一张表。

三、How（怎么做）

最后是怎么做。怎么做最基本的，就是将你的人生经历，沉淀为你的经验，最后形成你的方法论。

任何方法论都是在实践中形成的。在实际的工作中，你要善于总结经验，并举一反三，久而久之，你就能够做到触类旁通了。

总之，接到一项新工作，你要先想想工作的目的是什么，然后再去思考这项工作要做什么，有什么，最后再想怎么做。这样，你的工作就有思路了。

推进：HR跨部门推进难？三种方法，助你轻松推进

HR是一个服务型的职业，要做好人力资源管理，就要服务好公司和员工。服务好公司的本职是服务好员工，通过员工实现公司的战略目标。

因此，人力资源管理工作，没有员工的参与是不行的。

如果从与员工密切度来划分，人力资源管理工作可以分为两种，第一种是与员工利益相关且对他们有益的工作，例如奖金分配、工资调整等。这种工作，HR推进起来很容易。第二种是与员工利益相关性低或者对他们不利的工作，例如公司年会、培训需求调查、绩效考核等。

第一种工作相信很多HR推进起来是顺风顺水，所以在这里不谈，接下来，我们来谈谈如何推进第二种类型的工作。

很多HR觉得推进跨部门工作很难，比如，你想做一个员工满意度的调查，你给全公司的员工都发下来后，希望他们三天后交上来，结果三天后，及时交上来的人寥寥无几。然后，你又去催几遍，结果还是没有多少人交上来。这时，你觉得很累：真不想做HR了。

其实，你觉得累，是因为你的方法不对！推进跨部门工作是有方法有技巧的，今天，给大家分享三种推进跨部门工作的方法，希望对你有用。

一、通过设立工作小组来推进

如果你做过"任职资格项目"，那你一定曾经头疼过。因为任职资格项目需要跨部门配合的工作很多，而且，很多都是需要占用业务部门员工很多时间

的，因此，很多员工都不会很配合或者干脆敷衍了事。这时，HR的压力就会很大，员工不配合，项目不成功，责任大部分是算在HR身上的。

其实，像这种项目型的工作，一定要通过设立工作小组来推进。

首先，你要有个仪式感。项目型的工作，一定要召开项目启动会，希望公司领导（董事长、总经理）可以高度重视，积极推动，分管领导亲自抓落实，由公司人力资源部门负责人制定实施方案，并向公司各部门负责人介绍项目工作的实施计划。

其次，成立项目工作小组。在实际的工作过程中，很多HR都会犯一个错误，就是无论什么制度，都由人力资源部来制定，然后下发给各部门实施。如果是这样，各部门会非常抵触。所以，项目工作的推进，除了要设计贴合业务部门实际情况的制度之外，还要让各部门负责人或关键人员共同参与前期的准备工作。

因此，成立项目工作小组，也就是公司各部门需指定专人配合专职做项目工作，且由公司人力资源部门根据计划统筹安排。这是推进项目工作的方法。

项目工作小组的成员，最好是由HR专业人员担任组长，各部门指派一个专员协调本部门工作。HR的职责主要是牵头、组织、协调、解释、控制等，各部门专员主要负责项目工作在本部门的实施。

通过设立工作小组，可以让很多项目性工作的推进变得容易。例如，在企业推进绩效考核工作，也可以设立"项目考核小组"，这样HR就可以把考核工作中的数据收集、统计等工作交给业务部门。

二、借力其他人来推进

借力主要从以下三方面展开：

第一，借老板的力。

HR在开展任何跨部门工作的时候，都应该征得老板的支持。否则，这项工作会半途而废。例如，如果你要开展任职资格项目，这是一项极其需要领导支持的工作，你必须要召开项目说明会，同时，请老板务必出场讲话，否则，你很难推进下去。

第二，借部门领导的力。

部门领导对所在部门的人具有管理和领导权，能够有效影响部门成员对项目的支持与配合。所以在项目启动之初，你就与各部门领导碰面，开会讨论，达成一致意见。得到各部门领导的支持和配合后，后面的事情就变得顺利多了。

第三，借同事的力。

这里借同事的力，不是要你跟某一个同事关系很好，而是要通过一种机制去借力。你可以为某一项目工作组建工作小组，让每个部门领导指定专员负责。这样，这些项目的跨部门工作，你都可以交给这个专员来做。这个专员是本部门的人，由他来做，自然比你去做效率更高。

三、善于组织沟通会

任何需要跨部门配合的项目，在启动之前，一定要召开沟通会。召开沟通会最主要的目的，是让参与者了解这个项目，了解你能帮助他们解决什么问题，了解你要他们做什么。让大家明白各自的职责、项目进度等，从而能把项目跟大家的切身利益绑定在一起。

作为HR，先别急着埋头做事，可以多走出办公室，和各部门的负责人多沟通，让他们多了解你，平时有时间，多和他们一起吃饭聊天。当你和人沟通顺了，做事也就顺了，跨部门工作的推进也就不成问题。

福利：福利如何做到公司内部公平

公司的福利如何做到内部公平？任何企业都是无法做到一碗水端平的。

既然不管怎样都会存在质疑声，那怎样做，才能让员工觉得公司的福利是公平的呢？其实，企业需要做到三点：

一、人人有份的分配

企业跟员工建立劳动关系之后，不仅需要给员工发工资，还需要给员工分配福利，才能更好地留住员工。

有些福利是要人人有份的。比如，企业可以给全体员工派发以下的福利：

第一，年度体检。公司每年为入职满一年的员工提供一次身体健康检查。并组织经常性的体育锻炼和娱乐活动，如登山活动、羽毛球活动等。

第二，生育子女贺礼。员工生育子女致以一定金额的贺礼。员工应在子女出生三个月内知会人力资源管理部门，并出示《出生证明》或县级以上政府计划生育证明。

第三，生日会。每个月定期举办当月生日员工的生日会，并给过生日的员工赠送生日礼物，让员工感受企业的关怀。

第四，下午茶。为了舒缓员工工作压力，促进大家交流、增进感情、提升团队合作能力，体现公司对员工的呵护与关怀，每月底可以到茶歇室享用下午茶。

二、让员工感觉公平的措施

也许员工在物质上得不到满足，但是，如果他能够在精神上得到尊重，他也会觉得公平。

企业应建立优秀员工评选旳制度，每个月度或者季度评选出优秀的员工，并对他们的事迹进行宣传。没有宣传就没有重视，所以宣传很重要。宣传的方式有如下几种：

如果你公司有自己的月刊，可在自己公司的月刊上刊登榜样员工事迹，号召全体员工向其学习。

定期组织榜样人物做报告，一方面，对他来讲，是对他工作成果的认可，可以起到对他的激励作用；另一方面，对他身边的同事也是一种激励。

还可以通过OA、公告栏、公司网站、企业年鉴等渠道宣传榜样事迹或个人。

有条件的公司，还可以给优秀员工父母写信或者寄礼物，以使员工的优越感得到升华。

三、让员工感觉到结果公平

员工的付出要有回报，这就是结果公平。

比如，公司在制定福利项目的时候，最好能够针对不同的人群制定不同的奖励办法，针对销售人员，有销售人员的奖励办法；针对职能人员，有职能人员的奖励办法。

只有让员工去分多个"蛋糕"，让每个员工都感到分到了"蛋糕"，这样他们才会觉得，自己的付出是值得的，他们才会感觉结果公平。

以上三点是一个系统，缺一不可。做好以上三点，才能让福利的分配做到内部公平。

KSF：如何最大限度地激励员工

郑勋是公司的HR。他一进来公司，老板就交给他一个任务：搞全员绩效考核。这对郑勋来说，不是什么难事。

绩效考核体系是建立起来了，也有一定的效果，可是郑勋发现，绩效考核的过程中，出现了三个问题：

问题一：员工无法完成公司设定的目标。

问题二：奖少罚多，员工怨声载道。

问题三：员工的考核项目不利于企业的发展。

其实，以上问题的出现，主要是因为考核并没有起到激励员工的作用。真正的考核，是需要有激励的作用才行，否则，考核就失去了意义。因为如果考核只是起到副作用，这不仅不会让员工更积极地工作，反而会让员工的绩效变得更低。

那有没有一种绩效考核方式，能够让员工接受，并且会自动自发地去工作呢？今天给大家介绍一种绩效考核的工具：KSF。KSF又称为"关键成功因子"（Key Successful Factors），是指决定岗位价值的最有代表、影响力的关键性指标，也叫全面绩效薪酬模式。

KSF能够激发员工的原动力，能够让员工把公司的目标转化为自己的目标，从而会自动自发地去工作；KSF把绩效和薪酬结合，能够充分调动员工工作的积极性；KSF能够让管理者从管理身份变成经营的身份，真正做到把企业的事变成自己的事，因此，KSF能够将企业的利益和员工利益趋同。

但是，KSF也是有局限性的，它并不适合所有的岗位，而是比较适合管理岗位。因为它主张对有价值的岗位进行考核，而无价值或者低价值的岗位，则可以采用其他考核工具进行考核。在行业方面，对中小型企业均适合。

KSF与KPI的区别

从字面上的定义可以看出，KSF与KPI还是有相同之处的。但是，它们之间的区别也很大。主要区别如下：

一、衡量的目标不一样

KPI衡量的是业绩指标，而KSF衡量的是价值成果。KPI重视业绩管理，而KSF重视价值的管理。

二、结果运用的不一样

KPI运用的范围比较广，比如晋升、评优等；KSF一般运用于薪酬激励。因而KSF的激励性更大。

三、KSF能给予员工更大的动力

由于KPI是从公司的经营需要出发，强调将公司的经营目标转化为员工的目标，但是，却没有直接给员工动力，等于是强迫员工去做。所以，通过KPI来考核，员工可能是被迫的，会存在积极性不高的表现。

KSF则强调调动员工的内在需求，让员工为自己而做，让员工从被管理者转换为经营者。

从以上三个区别我们可以看出，KSF的实施，最大的功能就是让薪酬变得具有激励性。

传统薪酬结构和KSF薪酬结构的区别

为什么KSF绩效薪酬模式具有更大的激励性呢？我们可以从传统的薪酬结

构和KSF薪酬结构的区别来展开分析。

传统的薪酬结构，一般是这样的：

基本工资+岗位工资+技能工资+司龄工资+奖金+补贴等。

KSF薪酬结构则是这样的：

管理价值+技术价值+服务价值+生产价值等。

由此可以看出，KPI主要强调员工的能力、岗位、素质等，以员工的基本素养作为定薪的基准，做好做坏，拿到的工资都一样多。

而KSF薪酬模式，则是以员工创造的价值为基本要素来进行定薪，员工创造的价值越大，则工资越高，从而能够实现高绩效高薪酬的目标，这无论是对员工，还是对企业，都是非常好的。

如何建立基于KSF绩效薪酬体系

KSF绩效考核过程，和其他绩效考核工具的考核过程差别不大，关键是如何建立KSF考核表。主要有六个步骤。

步骤一：做好岗位价值要素分解

要做好KSF，首先要了解该岗位的价值要素有哪些。所谓价值要素，就是该岗位能为企业做出哪些贡献。比如，销售经理岗位为企业做出的贡献，有销售量、新客户开发量、销售费用率等。

可以采用以下方法来进行拆解：

（1）产出法。比如，生产经理的岗位价值要素，有生产总值、产品交货及时率、生产费用率、产品报废率等。

（2）企业发展影响法。一般来说，一个岗位对企业的影响，主要体现在三个方面，分别是：收入、成本、质量。围绕这三方面，分解出该岗位的价值要素。例如，品质经理的岗位价值要素，主要有产品质量合格率、原材料检验合格率、关键人才保留率等。

通过以上方法，找出10个左右的岗位价值要素。

步骤二：筛选出5～6个相对重要的价值要素

通过以上方法分解出10个岗位价值要素之后，根据重要性程度，对以上10个岗位价值要素进行排序，取5～6个靠前的要素，作为该岗位的关键岗位价值要素。

步骤三：设定定义和权重

对筛选出来的价值要素进行定义，并对这些价值要素根据重要程度进行权重的设定。重要程度越高，权重越高，所有要素的权重之和为100。

步骤四：设定平衡点

主要是设定各价值要素的基本目标。基本目标需要企业根据历史数据，和员工协商设定。比如，如果是做销售经理的KSF考核表，他有一个价值要素是销售额，那平衡点可以设定为一年的销售额是1000万元。

步骤五：设定奖励的标准和额度

比如，销售经理岗位的价值要素销售额，奖励的标准和额度是：每增加1%～5%，就奖励500元。

步骤六：设定少发工资的标准和额度

比如，销售经理岗位的价值要素销售额，少发的标准和额度是每减少1%～5%，就少发500元。

通过以上六个步骤，就可以设计完成一个岗位的KSF绩效考核表了。

品质部经理的KFS绩效考核表如下：

表2-2　品质经理KSF月度考核表

KSF 月度绩效考核表					
被考核人	××××	部门	品质部	职务	品质经理
考核人	××××	部门	总经办	职务	总经理

续表

		K1	K2	K3	K4	K5	K6
薪酬结构	指标名称	通过质量体系外审	产品检验合格率	原材料检验及时率	管理费	产品返修率	核心员工保留率
	月薪权重(%)	25%	20%	15%	15%	15%	10%
	占比金额(元)	5000	4000	3000	3000	3000	2000
	平衡点	通过	≥90%	≥90%	50000	≤5%	≥95%
	奖励标准	通过	提高1%	提高1%		降低1%	半年无流失，奖500
	奖励额度	1000	100	100	降低部分按5%奖励	100	
	少发标准	延迟通过；未通过	降低1%	降低1%		提升1%	流失1位
	少发额度	少500；少1000	100	100	超出部分按3%少发	100	200

KSF 月度绩效考核表

OKR：从入门到实践，全面理解并使用OKR

有一家做互联网微视频的公司使用了OKR。可是，实施了一年之后，效果却并不好。后来深入了解之后，我发现他们在运用的过程中，犯了以下几个误区：

一、把OKR的考核结果和薪酬挂钩

把考核结果和奖金挂钩，这是KPI绩效考核的普遍做法。之所以会这样，主要原因有两点：第一，管理者认为，如果不把考核结果和薪酬挂钩，很难发挥考核的作用。因为员工不怕，那考核就没有意义了。第二，老板就是希望通过考核来扣员工的工资。因此，企业要实施绩效考核，就必须把考核结果和薪酬挂钩。

这也是KPI绩效考核被很多人诟病的地方。因为他们觉得，这样会让那些被考核的人员，只会花时间去做那些考核的指标，而那些不考核的，就不会花时间去做。

那家互联网微视频公司把OKR的考核结果和薪酬挂钩，是在运用OKR绩效考核的过程中的一个误区。而OKR是不主张考核结果和薪酬挂钩的，只有这样，才能从根本上解除员工和管理者之间的经济博弈。

二、目标挑战性太低

管理者跟员工制定的OKR目标，几乎没有挑战性。到了绩效考核的时候，管理者给大部分员工的分数都打到了1分。这是非常高的分数。如果管理者给员工打分太高，如满分，说明这个目标定得太低，员工太容易实现；如果管理者给员工打分太低，则表明这个目标定得太高，员工再努力，也无法实现。

所以如果满分是1分，那这个目标打分在0.6到0.7比较适合。

三、目标全部由管理者制定

过去很多企业通过给员工制定KPI来考核员工，确实对员工的工作起到了督促的作用。但是，对于员工来说，抱怨声也很多。因为所有的指标和目标，都是由上而下地制定的，员工只能接受。

因此，员工的创造性和积极性受到了抑制。

看看这三个误区，你会发现，KPI和OKR还是有很大区别的。因此，如果你按照KPI的思维去实施OKR的话，是很难成功的。

什么是OKR

OKR，英文是Objectives & Key Results，即目标与关键成果法，是一套明确和跟踪目标及其完成情况的管理工具和方法，由英特尔公司原CEO安迪·葛洛夫发明。"O"是目标，"KR"是关键结果。从实施逻辑上来说，先有"O（目标）"，再量化"KR（关键结果）"，然后执行计划，去实现目标。

严格来说，OKR不是绩效考核工具，而是战略管理工具，只不过可以通过考核的形式，管理员工的绩效，让员工少走弯路，有了OKR，员工的工作就更加有目标感。因此，在实施OKR的时候，对员工的素质有一定的要求。并不是所有岗位的员工都适合实施OKR。

在一家公司，不同岗位的员工，素质不一样，每个员工的自我内驱力也不一样。比如，一些员工本身有强大的自驱力，那实施OKR，可以让他们走得更快。但是，有些员工本身不想走，就必须要用KPI来鞭策他们快点走。

因此，一家公司能不能实施OKR，其实要看这家公司的员工素质怎样。

OKR能够让所有员工清晰地认识到，对于公司而言，什么是当下最重要的。也能够让员工清晰地知道自己的目标和成败的评判标准。

一、OKR的特点

总的来说，OKR的实施有以下几个特点：

（1）目标要具有难度

OKR要求目标一定要具有难度，有野心，这样才能够激发员工的工作积极性。同时，一定是公司和员工一起制定的，制定的顺序一般是从上而下，从公司到个人。

（2）关键结果目标是可以量化的

KPI可以有非量化的标准，但是OKR要求一定要可以量化。关键结果（KR）一定是有评分标准，可衡量，且跟目标的实现有直接关系的。一般一个目标的关键结果（KR）不超过4个。

（3）结果是公开的

每个人的关键结果和目标都是公开的，最终的评价结果也是公开的，公司所有人都能够看到。

（4）结果不是评价员工的唯一标准，而是参考标准

OKR的考核结果，不是评价员工的唯一标准，而是参考标准，因此，员工的分数不管是1还是0.6都差别不大，OKR只起到一个引导的作用，它让员工知道，员工要做什么，做到什么程度等。

（5）既要有年度KRs，也要有季度的KRs

从公司到部门到员工，都要有不同层级的KRs。而且年度的KRs统领季度的KRs。

二、OKR的适用范围

OKR并不是万能的。从它的本质到特点，说明它只适合于某些企业和岗位。

从企业的角度，主要有三种类型：

（1）还不够成熟的企业

比如，一些创业企业，刚起步，既需要激励员工，又希望员工能够有更多的自主性，那就非常适合使用OKR。

（2）创新型企业

比如，一些互联网企业、游戏企业、设计企业、策划企业等，这种创新型的企业，他们的员工大多素质比较高，一方面更倾向于自主性工作，另一方面自我驱动性较高。而OKR更适合那些本身就具有自我驱动性的人。

（3）高科技企业

一些高科技企业也存在很多研发岗位或者一些创新型岗位，那这种类型的企业也适合使用OKR。

从岗位的角度，如某个岗位，如果它本身有一些工作是一定要完成的，那这种岗位就适合用KPI。

比如，销售岗位的销售额指标，如果不用KPI，恐怕对销售员的约束力不大。

因此，对于那些要求有严格执行力的，不需要有太多灵活性的岗位，不适合使用OKR，只有那些需要有灵活性、有创新性的岗位，使用OKR的效果才会更好。

OKR和KPI没有绝对的优劣，因此它们不是取代的关系，而是互补的关系。

一家企业可以同时使用KPI和OKR，只是需要在不同的岗位上使用而已。

三、OKR从无到有的实施过程

OKR跟KPI的实施过程有相同之处。它的实施流程，可以分为以下几个步骤：

步骤一：以战略为前提，确定公司的年度目标和季度目标

每家公司都有自己的战略，只不过有些公司把战略显示化，有些公司则没有显示化的战略。

如果你要实施OKR，就必须把战略显示化，这样根据公司的战略来制定公司的年度目标，进而将公司的年度目标分解为季度目标。

步骤二：根据公司年度目标和季度目标，确定部门、员工的年度目标和季度目标

从下而上，经过和员工的充分沟通，确定部门、员工的年度目标和季度目标。确保所有人都朝着同一个目标和结果。

在制定目标的过程中，部门和个人的目标一定要和公司目标一致。

也许有人对目标的理解比较模糊，什么是目标呢？目标就是你想达到什么结果。比如：今年员工流失率低于5%。这样的目标就比较具体。

一般来说，一个岗位设置4～6个目标是比较合适的，多的话会分散员工的注意力，而少的话可能有些关键目标会被漏掉。

步骤三：根据目标设定关键结果

设定关键结果，就是为了能够实现目标。关键结果要可衡量，有时间限制。

比如，根据"今年员工流失率低于5%"这个目标，来设定关键结果：

kr1：每月举办一次员工生日会，提升员工归属感。

kr2：每年固定调薪一次，提高员工的薪酬竞争力。

kr3：每月举行三次全员培训，提升员工工作能力。

步骤四：执行和评分

根据以上步骤，制定目标和关键结果，并分解权重后，交由员工执行。到了考核周期，领导进行评分。

领导在打分的时候，一定要严格按照标准，以便真实地反映员工的目标完成情况。

表2-3 人事行政总监OKR考核表

目标（O）	关键结果（KR）	权重	目标完成情况	自评分	领导评分
人才引进完成率和留住率90%以上	·招聘及时率≥90% ·完善企业招聘渠道，新增猎头机构2家，完成1次校园招聘，实现应届生人才招聘50人 ·2月底前编制年度培训计划，培训计划达成率≥90%	30%			
人工成本控制	·根据发展需求，4月调整组织架构和岗位设置，合理调配资源 ·人均创收≥12万元 ·对C类员工实行末位淘汰	30%			
关键岗位员工流失率≤15%	·完成关键员工任职资格认证，并运用结果 ·完成年度调薪，并向关键员工倾斜 ·组织关键员工外出学习	20%			
员工满意度平均分80分以上	·行政工作计划100%完成 ·员工提出问题解决率100% ·企业办公环境整齐有序，员工违反行为规范管理制度的行为减少，素质提高	20%			

部门价值：做好部门价值评估的三个方法

要解决奖金分配不公，除了制定合理公平的考核标准外，最重要的，还要考虑各部门的价值。

那怎么来确定部门的价值呢？在这里，给大家介绍几种方法：

一、排序法

要确定部门价值，我们需要明确企业各部门对企业的战略贡献的差异，需要对各部门的战略贡献能力进行评价。一般来说，部门战略贡献系数的高低，是由企业的核心竞争力要素来决定的。

首先要评估公司的核心竞争力要素是什么，然后成立部门价值评估委员会，组成成员一般是高管，然后组织开会讨论各个部门的价值，确定各个部门的排序。

二、推算法

你可以通过各个部门的薪酬数据，来推算本公司的部门价值。一般来说，部门的价值体现在员工的价值上，而员工的价值则体现在薪酬上。

所以，要确定部门价值，可以确定各个部门的人均薪酬。推算法不能比较薪酬的绝对数，而是相对数，也就是人均薪酬。

有些制造业企业，薪酬数据计算下来可能会发现，人力资源部的人均工资比制造部的人均工资高很多，是不是代表人力资源部的价值比制造部大呢？

在这里说的是，推算法只适用于职能、工作性质相似的部门，例如人力资源部和财务部等。因此，推算法是排序法的补充，它在确定一些部门价值细微的排名时，是有着借鉴意义的。

三、因素比较法

要确定各部门的价值，首先要确定判断各个部门价值的因素有哪些。一般来说，各部门的价值，主要通过三个要素来体现，分别是产品、财务、服务。将这三项细化，可以得出以下评分表。

表2-4　因素比较法评分表

要素	子要素	定义	分数
产品	设计能力	为公司直接创造产品	10
	制造能力	将公司产品生产出来的能力	9
	原材料提供	为公司产品的制造提供原材料	9
财务	营销能力	直接营销产品	10
		间接营销产品	6
	利润能力	为公司创造利润的能力	12
	成本控制	为公司控制成本的能力	9
服务	人员保障	保障公司人才稳定的能力	7
	后勤保障	为一线部门提供后勤保障的能力	6
	员工满意度	提高员工满意度的能力	7

每个企业的子要素可能不大一样，HR可以根据自己企业的情况，来确定本企业的评分表。分数方面也可以根据本企业中各因素的相对重要性来进行重新确定。

相比前两种方法，因素比较法更加客观。

离职：如何制定一个行之有效的离职流程体系

离职，我相信任何HR都不陌生，因为办理离职是HR最基础的工作。

提到离职，也许你下意识里会蹦出两个字：简单。这主要是因为你会觉得，离职就是员工写个离职申请，领导同意，然后企业给员工结工资就完事了。

但是，看似简单的事情，却隐藏着巨大的劳动风险。

要想规避这些风险，你就必须设计一个行之有效的离职流程体系。

员工离职过程中会有哪些劳动风险

员工办理离职，如果稍不注意，劳动风险就会出现。那员工在办理离职的过程中，会有哪些风险呢？主要有以下几点：

一、只是口头离职，没有书面申请

其实，这样的离职会存在很大的风险。因为没有书面的离职申请和交接清单，员工就不算真正离职。

哪天他突然回来，向你索要补偿金，说还是你们公司的员工，由于没有书面的离职文件，公司往往百口莫辩，最后只能暗吃亏。

二、没有完善的交接流程

三、公司核心资料流失的风险

如果保护不周，公司的一些核心资料就会随着员工的离职而丢失。

四、员工自动离职的风险

有些员工，由于个人原因，比如想马上离开公司，工资也不想要了，就想用自动离职的手段离开公司。这种员工，如果你处理不当，后期会存在被索赔的风险。比如，哪天他突然回来，说还是你们公司的员工，要求继续发工资等。

> **针对以上离职的风险，我们怎么做才能降低公司的离职风险**

其实，只要做好以下几件事，公司的离职风险就能被规避到最低。

一、建立完善的书面《离职申请书》

一份完善的书面《离职申请书》，必须有员工的基本个人信息，还要写明是员工自己提出的离职，还是公司要求，同时，员工还要亲笔签名等。

表2-5　《离职申请书》模板

姓名		部门		职位	
入职时间		合同到期日		预离日期	
离职类别	（试用期内）□个人要求解除劳动合同　□公司要求解除劳动合同				
	（合同期内）□个人要求解除劳动合同　□公司要求解除劳动合同				
	（合同期满）□个人要求终止劳动合同　□公司要求终止劳动合同				
根据《劳动合同法》第三十七条，正式员工须提前三十日以书面形式通知用人单位解除劳动合同。否则按《劳动合同法》第九十条规定要求承担赔偿责任					
员工离职原因陈述	申请人签名： 申请日期：				

离职面谈 情况	是否进行了面谈：　　□是　□否 面谈结果和意见如下： 面谈人签名： 面谈日期：

用人部门审批	人力资源部审批
签名： 日期：	签名： 日期：

分管领导审批	总经理审批
签名： 日期：	签名： 日期：

备　注	副总级（含）以上人员需董事长审批

二、还要建立完善的书面离职交接流程

员工离职，一定要有书面的交接表，包含员工个人信息、工作交接情况、员工个人物品归还情况、借款报销情况、正式离职时间和五险一金缴交时间情况等。《离职交接表》模板如下：

表2-6 离职交接表模板

工号		姓名		职位		入职日期	
部门					办理日期	联系方式	
提示		①试用期员工：提前三天书面说明		②转正员工：提前一个月书面说明			
		以下内容由工作涉及部门填写					
用人部门	移交内容		交接结果		处理意见		签字
	工作移交（附工作移交清单）						
	工具移交						
	办公用品移交						
	电脑资料移交						
	文件资料移交						
	其他						
	部门负责人确认						

续表

部门	项目	内容	
IT部	OA账号、IP地址、电子邮箱	OA账号：□ 邮箱：□ IP地址：□ 其他：□	
财务部	电脑、账号、电脑资料		
	借款		
行政部	办公用品		
	指纹、钥匙、通讯录		
	固定资产		
	工牌	□完好 □丢失	
	培训合同履行图书		
	竞业限制协议签订	□是 □否	
人力资源部	社保	停缴日期：	
	住房公积金	停缴日期：	
	出勤天数	上月	
		当月	
	请假天数	上月	□事假 □年休 □病假 □调休
		当月	□事假 □年休 □病假 □调休

经办人意见：

续表

员工确认	备注：劳动合同于　　年　　月　　日即行终止，薪资核算至　　年　　月　　日。 工资发放日期：公司统一发薪日（如遇节假日，按照自然天数延续） 签字确认：　　　　　日　期： 身份证号码：
备注	1. 各有关部门按移交事项填写处理意见，并请经办人签字。 2. 离职人员完成以上程序后将此表交人事行政部存档。

三、做好公司核心资料的保护

公司的核心资料，主要指员工所负责的所有工作事项及全部相关文件资料。这些资料如果丢失，一方面可能使公司的工作停滞，另一方面可能泄露给竞争对手，对公司是一种巨大的损失。因此，需要公司做好以下几点：

（1）签署《保密协议》

对于一些重要岗位，必须要签署《保密协议》，规定员工在任何时候，都不能泄露公司的商业秘密。

（2）对关键人才，签订"竞业限制"协议

竞业限制也称竞业禁止，它的主要内容是企业的职工（尤其是高级职工）在其任职期间不得兼职于竞争公司或兼营竞争性业务，在其离职后的特定时期或地区内也不得从业于竞争公司或进行竞争性营业活动。

这项工作一定要在员工入职的时候去办理，这样主动性才能掌握在公司一方。否则等员工离职的时候再签订，员工可能拒绝。

当然，竞业限制是需要补偿的，但是否启动竞业限制，主动权在企业一方。

（3）采取必要措施防止核心资料流失

比如，对于研发人员，要做好电脑设置，做好研发资料的保护，电脑设置不能拷贝等，这样员工电脑的资料就不会被泄露。

比如，对于销售人员，给员工配置专用手机号码，这样后期员工离职之后，客户就不会跟员工个人联系，只要号码还在，那这个客户就还在。

四、规避员工自动离职的风险

为防止员工自动离职带来的风险，企业需要做好以下事情，否则，劳动风险比较大：

（1）公司规章制度上要有关于自离的明确规定

明确自离的定义，是指在合同期内，员工未经公司批准而擅自离开工作岗位的行为。有下列情况之一者，公司按照员工自动离职处理，并暂时冻结其工资直至办完离职交接手续。

①连续旷工3天者；月累计旷工2次；季累计旷工5次；年累计旷工10次。

②已申请离职但未办妥离职手续而自行离开公司者。

（2）公告或者给员工的手机发短信，告知其自离

根据我国《劳动法》以及公司《员工考勤及假期管理办法》"连续旷工3天或月累计旷工5天视为自动离职"的相关规定，××连续旷工6天，即日起视为自动离职，并公告从××年×月×日起解除劳动关系。××自动离职对公司造成的一切后果及损失，公司依法保持追究的权利。

公司还可以通过员工的手机，给员工发自离的公告，敦促其回来办理离职手续。

（3）给员工寄送《解除劳动合同通知书》

自公司公告员工自动离职开始，公司将采取短信或根据员工在《入职申请表》或劳动合同上预留的通信地址将解除劳动合同通知书快递给员工，如发生拒收或送达不到的，视为已送达。寄送的时候，最好采用邮政寄送，因为有"邮戳时间"，即使这封邮件很晚才寄到，公司也可以以邮戳时间为准。

劳动争议：如何跟员工谈辞退，效果更好

谈辞退应该是一件艺术的事情。HR要根据不同的人不同的情况来谈，这样才可以显示出HR的专业水准。

那该怎样和员工面谈，才能既让他容易接受，效果又比较好呢？

在这里，给大家介绍跟员二谈辞退的几个步骤：

（1）了解员工现状。

（2）为辞退面谈做好铺垫。与员工进行辞退面谈，不能单刀直入，而要做好铺垫，否则效果不好。

（3）找到辞退的支撑点。包括企业的困难和个人工作中的不足。

（4）肯定个人。不管对方犯了多大的错误，我们都要懂得肯定对方的某一方面，这也是让你的沟通能够成功的重要步骤。

（5）唤醒梦想。这一个步骤主要是促成我们想要的结果。

（6）达成一致。这是我们最终的目标，最好的结果，当然是员工自行离职。

接下来，根据上面的谈话结构，我跟大家做一个真实案例的分享。

今年年初，新冠肺炎疫情暴发。在这次疫情中，很多企业的经营都受到了影响。前段时间，劝退了一个门店主管。当然，这位主管本身在工作中是有过错的。

根据以上的辞退步骤，来谈谈我是如何跟他谈的。

一、了解员工现状

要跟员工谈辞退，你需要了解这位员工以下几点：

（1）了解他的工作内容

如果你对他的工作内容不了解，那你可能比较难以判断他是否胜任。

（2）了解他个人的性格、兴趣爱好等

跟他的领导和同事了解他的性格、兴趣爱好、是否开朗乐观、是否喜欢跟人沟通交流等。只有这样，才能做到知己知彼，百战百胜。

（3）了解他的业绩

业绩不好，才是公司辞退他的原因，那他的不好，表现在哪些方面呢？

了解了以上几点之后，接下来，要跟员工约定时间、约定面谈的地点。整个过程，需要给员工仪式感，让他感觉到尊重感，为面谈的氛围打下好的基础。

面谈开始后，开始跟员工的对话。

我：最近工作怎么样？

他：还好，挺忙的。

我：我看你最近也确实挺忙的。

他点点头。（通过寒暄，拉近彼此的距离，让他把你当自己人）

我：今天找你聊一下，也没有什么特别的事，主要是聊一下你未来的工作计划。

他：好的。

我：你来公司也快一年了，你平时的工作内容是什么？

他：主要是管理门店员工，做好门店的销售等。

我：你觉得这份工作做得怎样？

他：我觉得还可以。

我：如果你给自己打分，你给自己这段时间的工作打多少分？

他：我觉得不好不坏，打7分吧！（看来他对自己的认知还是不足的，或者是在为自己的表现找借口）

二、为辞退面谈做铺垫

我：嗯嗯，我看你确实是挺努力的。我刚刚拿到了公司的各个门店的排名，你们门店排名最后哦！

受疫情影响，今年公司的很多门店都受到了影响。因此，公司为了能够更好地应对未来，会有一些调整。相信你在新闻上也可以看到，有很多公司的管理人员都自动降薪，说明大家都有这种意识，为了彼此的利益做出牺牲。他点点头。

三、找到辞退的支撑点

我：前几天公司董事会开会，指出公司的资金只能撑两个月，因此，公司必须做出调整，否则，公司将面临倒闭。

你这个门店自去年以来，一直是处于亏损的状态。

他：现在你是要跟我清算吗？

我：没有，我说的都是一些董事会要求传达的内容。

四、肯定个人

我：你是我招聘进来的，当初招聘你进来，是因为我觉得你是一个很有责任、很有想法，也是个很为公司着想的人，你同意吗？

他点点头。

我：虽然现在门店一直亏损，可是，我相信这不是你想要的。你也不想，对吗？

他点点头。

我：但是，对公司来说，一直亏损，很难承担。老板一直说要有人对此事负责。

他：你是想叫我辞职吗？

我点点头。

他：可是我不想辞职哦！如果要辞职，公司必须给我补偿！

五、唤醒梦想

我：你刚进公司的时候，我觉得你是一个很有梦想的人，记得你说你要在公司大干一场。因此，我相信，今天这样的局面，也不是你想要的，对吧？

他点点头。

我：我觉得公司对你很不错！一直在支持你，我也相信你是有能力的，只是，可能你不适合我们公司的这种企业文化。或许，你去了别的公司，你的发展会很快！你觉得呢？

沉默。

六、达成一致

他：这样吧，我也觉得自己没有给公司创造什么价值，给我半个月时间找工作，半个月之后，我就离开公司！

就这样，我们友好地结束了面谈。

很多时候，作为HR，经常需要辞退员工。其实他们也有自己的利益考虑。所以要跟他们进行良好的沟通，除了运用以上步骤之外，还需要注意以下三点：

（1）保持耐心。难缠的员工往往会考虑很多细节方面的东西，以此来维护他们自己的利益。这时，我们要保持足够的耐心与他们沟通。如果你被他们激怒，那就陷入了沟通的圈套，想要再好好解决问题就不可能了。

（2）态度亲和。在跟他们沟通时，我们要以朋友的身份，站在帮助他们的角度去跟他们沟通，一旦站在他们的对立面，我们就很难跟他们达成一致。所以保持态度的亲和非常有必要。

（3）适当强硬。对于一些难缠的过分的员工，在有理有据的情况下，我们也要适当强硬，让他们不要太过分。

辞退：用人部门要辞退没有过错的员工，怎么办

经常会遇到这样的部门主管：

这个人态度不好，你帮我炒掉吧！其实他说的态度不好，是因为他叫这个员工去扫地，结果员工不愿意，但扫地不是员工的工作职责。

我们也不能任由用人部门乱来，因为人力资源部门也有义务帮助用人部门来做好人员管理，人力资源部门和用人部门最终的平衡点是，实现团队作战能力最大化，达成公司战略目标。

因此，我觉得，可以从以下几方面来讨论该如何做好这个决策。

一、了解法律风险

《劳动合同法》第三十九条 劳动者有下列情形之一的，用人单位可以解除劳动合同：（一）在试用期间被证明不符合录用条件的。……

用人单位在试用期解除劳动合同的，应当向劳动者说明理由。

劳动者在试用期是否合格，应当以法定的最低就业年龄等基本录用条件和招用时劳动者的文化水平、技术水平、身体素质、内在品质等为标准。在具体录用条件和标准不明确时，才以是否胜任劳动合同约定的工作或岗位为标准。

劳动者试用不合格，包括完全不具备录用条件和标准，部分不具备录用条件和标准两种。无论属于哪种情况，用人单位都必须提出合法有效的证明，否则就会因举证不能而无法与劳动者解除劳动关系。

企业如果无法举证员工试用期不符合录用条件，是属于违法解除劳动

关系。

企业要举证员工试用期不符合录用条件，很大程度上要做到两点：

（1）在发布的招聘简章、招聘信息中明确录用条件和标准。用人单位在发布招聘信息时，除了要注明对职位的一些基本要求（如年龄、职业技术、学历等）外，还应对所聘职位的具体录用条件、岗位职责进行详细描述，并在与劳动者订立劳动合同时再次以书面形式明确告知。

（2）建立试用期的绩效评估制度，明确考核标准、考核方式及考核方法。用人单位制定的考核内容、评分原则及决定劳动者是否最终被录用的客观依据应当事先告知劳动者，并让其签字认同。

案例中，员工能够做好本职工作，而领导觉得员工没有特色，是很难被举证的。所以会被认为是无法有效举证，因此企业如果就此决定解除劳动关系，是违法的，需要因此进行经济赔偿。

作为HR，应该把法律风险告知自己的领导和部门领导，让他们在决策中进行定夺。

二、了解部门领导的用人风格

作为HR，应对公司的领导风格有着充分而且深刻的认知，对他们的用人风格和为人也应该有深刻的了解。

用人部门领导的用人风格，决定了他在招聘中的要求、用人的喜好，HR在后期的招聘中，除了要关注书面的岗位职责和要求外，还要关注部门领导的要求，如果可以，还可以告知新员工，以免在后期的工作中陷入被动。

同时，你要判断，用人部门的哪些行为是私人恩怨，哪些行为是为公司发展。判断这些，都可以为你的决策提供依据。

三、谁用人，谁负责

在实际的工作中，我们经常说，无论是招聘还是转正，要以部门的意见为主，其实就是在践行谁用人，谁负责的原则，因为人力资源部门对新员工的工作情况不了解，那你又怎么能够干涉用人部门的用人呢？

用人部门炒掉任何一个人，HR有权干涉吗？其实是可以的，但有时，作为一个HR真的很难去改变一个领导的用人观。

那HR如果觉得员工不应该被炒，该如何去争取呢？我觉得以下两个方法最好：

（1）踢皮球。如果你觉得这个人不错，不应该炒，那你可以把炒人这件事踢给用人部门，让他们自己去炒，如果需要赔钱，那他们自己去跟公司申请。

（2）与多方沟通。用人部门提出要炒人后，人力资源部门要告知其后果，比如赔偿以及可能造成的员工反应，要提前做好应对准备。并请示相关领导，让领导自行决策，相信他们会从公司发展的角度做出判断。因此，HR也不用纠结。

重新入职：离职员工想重回公司，HR要不要录用

我相信，只要一家公司不是特别差，那一定会有离职的员工希望回来上班的。

大部分公司对于想重新入职的员工，判断是否要让他入职的标准，可能都是：他以前还不错。

但是，这样的标准，或许会有一些风险存在。原因有以下几点：

第一，可能不能胜任。

面对这个问题，我们要学会用发展的眼光去看待一个人。虽然员工以前的表现很不错，可是，一旦他离开之后，你不知道他这些年是否有进步。

第二，人是会变的。

一个人，虽然以前在公司表现很好，人品也不错，但是，一旦环境发生变化，其个人也可能发生变化。

虽然离职员工重新入职存在一定的风险，但是就一定不能录用吗？不是的。了解其存在的风险，是为了让我们能够做得更好。只要我们能够规避这些风险，那离职员工重新入职，是一件好事。

面对想重新入职的员工，要不要录用？我觉得可以从以下三个标准去判断：

一、是否满足岗位要求

这是第一标准。比如，一个研发人员要重新入职，那当然是好事。毕竟，要招聘到合适的员工不容易。那如何判断他是否满足呢？这就需要对方提供简历，看看他近期是否有在做相关的工作，并且是否一直在做。如果他已经有两

年的时间没有做相关的工作了，那胜任起来可能会有点困难。

二、是否是稀缺岗位

对于一些稀缺岗位，过去曾经在这个岗位工作过的员工，肯定是最合适的，毕竟他不用再去适应，就能马上进入工作状态。

三、是否对公司有不良的影响

总的来说，让离职员工重新入职，必须要保证其能够胜任这个岗位，同时，他过去在公司的表现是良好的，最后，他的入职不要对公司产生不良的影响等。

离职员工重新入职，以下几点需要注意一下：

一、试用期的问题

《劳动合同法》有规定：一个员工，只能跟同一家单位约定一次试用期。因此，员工如果重新入职，是不能在合同上再约定试用期的。那怎么办？如果你们公司有子公司，可以用子公司跟员工签订劳动合同，既然不是同一家公司，那就可以约定试用期。等员工通过试用期之后，再把劳动关系转回到母公司就可以了。

当然，既然企业选择了让员工回来，就要信任他，这是无可厚非的。也可以不用设定试用期。

二、做好背景调查

老员工重新入职，同样需要做好背景调查。

调查他的经历是否真实。比如，他离职了两年，他说他创业了两年，那就要查查他这两年是否真的是在创业，还是在竞争对手那里上班了。

调查他过往是否有违法犯罪行为。这点可以通过裁判文书网查查是否有被起诉的行为等。

三、公平对待

对于重新入职的员工，应该公平对待，比如，在薪资设定方面，也应该保持内部的公平性，不能因为他是重新入职就给予特殊对待。当然，如果他是特殊人才，那可以在薪资方面给予一定的优待。

法律：录用试用阶段劳动风险控制实操

一个员工，从入职到劳动关系终止，其实风险无处不在。对于企业和HR来说，最好的风险控制方法就是提前预防。

录用阶段风险控制

员工劳动风险，从录用阶段就开始。录用阶段的风险控制，要做好两件事：

一、明确录用条件

如果劳动者在试用期被证明不符合用人单位提出的录用条件和标准，或不能胜任劳动合同中约定的工作或岗位，依据《劳动合同法》第三十九条第一款规定，用人单位可以与其解除劳动合同。所以录用条件是员工试用期管理的基础。

那有HR会有疑问，是否需要针对每个岗位制定录用条件呢？其实不用，你只需要做一份录用条件确认书就可以。

网上有模板可以参考，大家可以根据企业实际情况进行修改。记得一定要让员工签字，因为录用条件是需要公示的。

很多HR会有疑问，在招聘前，已经有招聘条件了，还需要录用条件吗？其实，招聘条件和录用条件是不一样的，招聘条件由用人单位单方确定就可以了，但录用条件必须用人单位和员工都确认才可以。招聘条件一般适用于招聘阶段，录用条件只适用于试用期阶段。法律性质不同。招聘条件仅在于设定招收、录用员工的初步资格。录用条件是用人单位招收、录用员工的最终标准，如果员工在试用期不符合录用条件的，用人单位有权辞退。因此，招聘条件是不能代替录用条件的。

二、做好告知及保留证据

在员工入职前，要告知员二工作内容、工作条件、工作地点、职业危害、安全生产状况、劳动报酬以及其他相关情况，并要求劳动者签字确认，员工入职申请表一定要有员工的签名，以示对其所提供的信息负责，在入职申请表下面，还可以写上以下文字：

《入职申请表》入职声明模板

本人确认：

1. 以上所填写的资料以及员工提供的个人信息、学历证明、资格证明等个人资料均真实，员工充分了解上述资料的真实性是双方订立劳动合同的前提条件，如有弄虚作假或隐瞒的情况，属于严重违反公司规章制度，愿接受取消应聘资格或公司无偿解雇之处分，并自愿承担由此引发的一切后果和责任。

2. 本表所填写的通信地址为邮寄送达地址，公司向该通信地址寄送的文件或物品，如果发生收件人拒绝签收或其他无法送达的情形的，本人同意，从公司寄出之日起视为公司已经送达。

3. 遵守公司的薪酬保密制度，不谈论公司的薪酬话题；本人保证公司无直系亲属任职，若有违反，愿受取消应聘资格或接受公司无偿解雇之处分。

签名：　　　　日期：

为什么要有这些文字呢？因为这些表述，是为了更好地做好员工试用期管理。比如，入职前，可能无法确认员工的信息真假，一旦入职后发现员工作假，企业也有依据解除劳动关系。

在做好以上两件事之后，接下来，我们来看看录用阶段，有哪些风险点是我们需要重点控制的。

表2-7　入职常见劳动风险防范

序号	风险点	预防控制方法
1	员工背景	员工的背景，如学历等都有可能造假，可是如果企业全盘审查，成本会非常高。除了对一些关键岗位进行背景调查之外，还可以把员工的所有背景信息列出，要求员工签字确认，如有造假，愿接受无偿解雇的处罚
2	员工身体	严格要求员工提供体检报告，而且对每一个体检项目都要审查。以前有一个员工交了体检报告，却发现他的胸透检查是没有做的，有隐瞒问题的可能，后来追究下来，他的身体果然有问题。如果公司存在职业病的风险，一定要做职业病体检
3	员工劳动关系及竞业限制	一定要求劳动者出具离职声明，如果员工无法提供解除劳动合同证明，可以和员工签署一份入职声明，声明员工已经和原单位解除劳动关系，且不存在竞业限制协议，否则，一切后果由员工自己承担
4	OFFER提供	不要轻易发offer，发offer之前，一定要走完流程，以免被动。如果对应聘者不是很确定，可以通过电话等方式告知入职

试用期管理阶段风险控制

在员工试用期管理阶段，有三个风险是HR需要重点预防的：

一、员工薪资确认

员工薪资确认，就是员工入职前，签订薪资确认单。薪资确认单模板如下：

表2-8 薪资确认单模板

姓名		部门		岗位	
入职日期					
主要薪酬福利事项具体如下					
一、基本部分					
类别	基本工资	绩效工资	交通补贴	住房补贴	补助	工资总额
试用期						
转正后						
说明：绩效工资依据公司绩效管理相关制度执行						
二、奖金部分：年终奖依个人考核成绩和公司经营业绩发放						
三、其他部分						

四、相关说明

公司将在您的月劳动报酬中按劳动法规代缴个人所得税、个人社保和公积金。

其他未谈及补助、福利待遇依据公司相关制度执行。

劳动合同	合同期限：　　　年 试用期：□　　月　　□无试用期
人力资源部审核	
公司领导审批	
员工确认	

二、要及时签订劳动合同

从用工之日起，一个月内，企业就要和员工签订纸质的劳动合同。

试用期设置要合法，劳动合同期限不满三个月，不得约定试用期。

劳动合同期限三个月以上不满一年的，试用期不得超过一个月。劳动合同期限一年以上不满三年的，试用期不得超过二个月。三年以上固定期限和无固定期限劳动合同，试用期不得超过六个月。

以完成一定工作任务为期限的劳动合同，不得约定试用期，非全日制用工不得约定试用期。

劳动合同交给员工的时候，一定要签收，签收文件要留档备案。

三、制定试用期绩效考核表

员工入职后，要告知用人部门及时和新员工沟通，制定《试用期绩效考核表》，因为这是判断能否转正的依据。

在前面的录用条件说明里，我们提到了《试用期绩效考核表》，这也是判断员工是否符合录用条件的依据之一，后期如果发生纠纷，企业就不会太被动。

《试用期绩效考核表》可以有非量化的考核标准，如个人态度，但是一定也要有量化的考核标准。

试用期绩效考核可以做两次。第一次是在试用期中期，考核之后，及时与员工沟通，告知其不足之处，以让他改正。第二次就是真正的试用期绩效考核，一般试用期结束前10天完成。

试用期绩效考核表可以采用以下模板。

表2-9 试用期绩效合约书

被考核人		部门		岗位		入职时间		试用到期日	

考核指标	评价标准（每项评分最高分为该项权重，最低分为0分）				权重	考核结果	
	优秀（4分以上）	良好（3.5分-4分）	合格（2.5分-3.5分）	不合格（2.5分以下）		初评	复评
综合素质考核 · 专业技能	完全具备工作要求的专业技能且高于工作要求	掌握岗位相关知识，具备工作要求的专业技能	对岗位相关专业知识基本掌握。基本工作需要满足	不具备本职工作的专业技能	15%		
综合素质考核 · 工作能力	能力强，善于分析解决问题	能力较强，责任心较强	基本能完成交办的任务	能力较差，不能如期完成任务	15%		
综合素质考核 · 遵章守纪	遵纪守法、起模范带头作用	奉公守法，操行良好	能遵守纪律，虽有小的违规违纪，但影响不大	存在严重违反公司规章制度的行为	一票否决		

续表

绩效考核	考核指标工作目标（由上级和员工在入职时确定）	考核标准（由上级和员工在入职时确定）		考核总分
			30%	
	（填写）		40%	
	合计		100%	

部门考核评估意见：

经过部门负责人或分管领导与试用期人员充分的沟通，双方就被考核人在试用期的工作目标、考核标准达成了一致共识，最终形成成本合约书。被考核人对试用期考核评估的方式以及目的均已充分了解，被考核人承诺全力以赴完成工作目标并接受考核。

被考核人（签字）：

分管领导意见：

签名：

制定日期： 年 月 日

　　说明：本合约书应于新员工入职1个月内填写后由部门备案，试用期间绩效评估总分低于8分的，不能办理转正手续。（考核总分以复评总分为准）

　　按照以上步骤，做好以上风险控制，我相信能大大降低员工劳动风险。正规化操作，不管是对企业还是对HR自身工作，都是有百利而无一害！

管理：真正的管理者，只做四件事

一个优秀的管理者，其实只需要做四件事：

（1）安排任务。管理者要根据公司给团队下达的目标，结合下属的实际情况，分配工作任务，保证人人有事做，保证团队的执行力达到最大。

（2）管理下属。任务分配下去之后，管理者要对下属进行管理，一方面是保证任务按时完成，另一方面是要做好下属的激励工作。

（3）难题解决。管理者每天都会遇到难题，有下属提出的难题，有别的部门提出的难题。这些都是需要及时去解决的。

（4）未来计划。管理者要花大量的时间，去思考接下来的工作计划。

一、安排任务：不懂授权的管理者，不是合格的管理者

该如何做好授权呢？以下有一个授权三角模型介绍给大家。

图2-3　授权三角模型

授权三角的内容总结起来就三个字：人、制、责。

（1）人，就是因人而授权。给员工授权，必须做到因人而授权。根据员工的能力大小和个性特征等区别授权。

授权除了提高工作效率之外，还有一个很重要的目的，那就是给予下属更多的权限，让他们得到更大的锻炼，为提拔他们提前做准备。

关于因人授权的原则划分，我们可以用一个矩阵模型来表示。我们以绩效为纵坐标，胜任力为横坐标，把员工分成四种类型，并因此确定是否授权。

图2-4　授权矩阵模型

对于绩效高且岗位胜任力强的员工，我们要完全授权。

对于绩效高但胜任力弱的员工，我们要指导授权。在授权某些权责的同时，也要做好指导，以免发生错误。

对于绩效低但胜任力高的员工，我们要选择授权。对于员工的优势部分，我们可以授权。但是员工的劣势部分，我们不授权。

对于绩效低且胜任力低的员工，我们不授权。

（2）制，就是要有授权制度。管理者应尽量以备忘录、授权书、委托书等书面形式授权。

要通过明确的授权制度，明确各级管理者哪些事项必须上报审批，哪些事项可以自行做主，但必须承担相应的责任。在公司本部，可由总经理向各中心总监授权，各中心总监在自己的授权范围内再向下属部门的经理适当授权。经理可以根据自己的情况决定是否进行授权等。

（3）责，就是授权不授责。管理者在给下属授权之后，下属如果做得好，应该及时受到表扬和鼓励；下属如果做得不好，管理者应该承担起责任，而不能把责任推给下属。

二、管理下属：没有动态管理，就没有战狼的团队

授权可以让管理者从繁杂的事务中脱离出来，从而有更多的时间做更多有价值的事情。比如团队规划、团队激励等。但是，在授权的时候，也要耐心引导员工，不强迫员工做超出其能力范围之外的事。

因此，管理者的第二件事就是管理下属。这里主要做好两方面的工作：第一就是及时了解下属的工作进度；第二就是激励下属。

及时了解下属的工作进度，可以从两个方面进行：

（1）建立定期的汇报制度

对于管理者来说，如果下属平时会主动向你汇报工作，那定期的汇报周期可以延长。比如，一个星期举行一次。建立定期的汇报制度，意义不仅在于了解下属的工作进度，还在于能够给下属一定的指导，以帮助下属更好地完成工作。

（2）不定时沟通

作为管理者，其实可以随时和下属沟通。比如，平时只要你想起某件事情，你都可以随时向下属咨询事情的进度，这样的沟通效率会更高。

对于管理者来说，激励下属最好的工具，不是薪酬奖金，而是精神上的激励。因为薪酬奖金一般是由公司通过制度来决定的。因此，管理者最重要的是要做好精神上的激励。研究表明，精神上的激励，有时可能比物质的激励更重要。

那管理者该如何做好激励？可以用以下三个方法：

方法一：加强员工参与管理

对于重要事项，管理者要举行会议，听取下属的意见，综合团队成员的各种意见，提出结论性意见，形成会议的决议后再执行。

组织召开"群策群力"会议，运用头脑风暴法，对于工作过程中出现的问题，多鼓励下属提出解决意见，提升员工的参与感，最终提升员工的工作积极性！

方法二：一分钟表扬

管理者要把表扬时刻放在嘴边，善于发现员工的"优秀时刻"，然后及时送上表扬。这就是"一分钟表扬"。

管理者要养成随时随地与员工进行沟通交流的习惯，只要员工做得好的地方，要及时指出来，呼吁大家向优秀的员工学习。

主管们也可以随时向那些工作成绩超出期望值的员工送出个人手写的感谢卡和小礼物，以示认可。

管理要更多地进行当众褒奖。例如，可以利用开会的机会，多找出员工做得好的地方进行褒奖。

方法三：善于利用员工的优势

管理者要善于发现员工的优势能力，并根据员工的优势来安排工作，并进行肯定。

例如，员工如果写作能力很强，那管理者就要加强开发员工的写作能力，并多加鼓励，充分利用员工的优势能力，帮助员工获得更优秀的业绩。

三、难题解决：解决员工解决不了的问题，做员工的强大后盾

管理者最重要的一个作用，就是能够解决员工解决不了的问题，能成为员工前进的强大后盾。

当你无法解决这些问题时，下属就会质疑你的工作能力。那要怎样做，才能

成为一个能帮助员工解决难题的领导呢？你需要做到以下几点：

（1）员工的求助，一定要帮助员工解决。

（2）提升跨部门沟通能力。

一般来说，下属最难解决的难题，是那些跨部门的难题。因此，管理者除了提升自己的管理能力之外，还要提升跨部门沟通能力。

要提升跨部门沟通能力，需要做到两点：

（1）平时要多到各部门走走。

（2）与各部门负责人搞好关系。

做好以上两点，你的很多难题都会变得容易解决。

四、未来计划：不会做未来计划的领导，只会忙于救火

要做好时间管理，我们有必要了解一下时间管理矩阵。按照紧急与否及重要与否，我们可以把所有事情划分为四种类型。

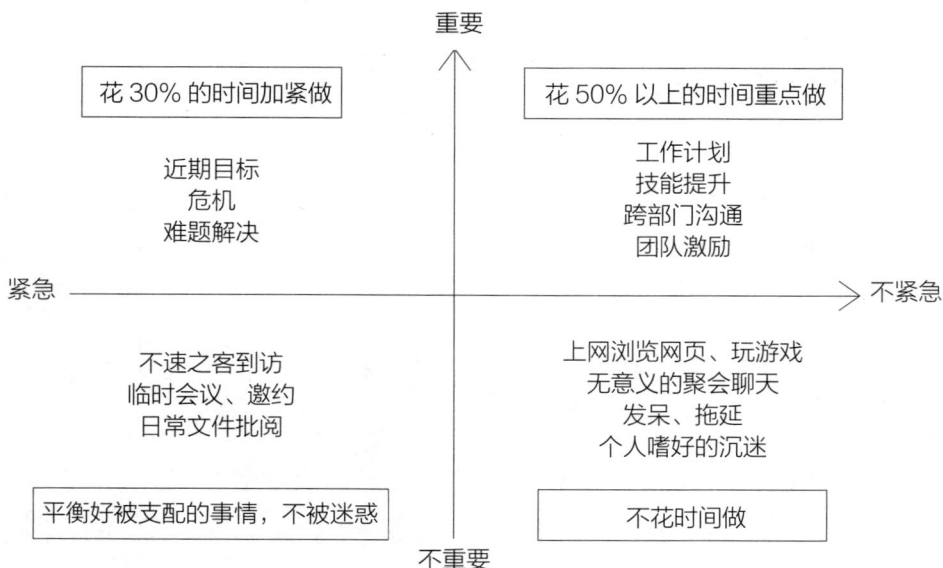

图2-5　时间管理模型

对于管理者来说，重要紧急的事，比如近期目标、危机、难题解决等，这种救火的事情，要花30%的时间加紧完成。

对于管理者来说，50%以上的时间要用来做工作计划、个人技能提升、跨部门沟通、团队激励等。这对管理者来说是最重要的。

那些紧急但不重要的事情，例如不速之客来访，临时会议、邀约，文件批复等，要尽量少花时间去做。

对于不重要不紧急的事，尽量不花时间去做。

总结：

德鲁克说："管理就是界定企业的使命，并激励和组织人力资源去实现这个使命。"

整天忙于具体的事物，并不是真正的管理者。要让自己从繁杂的具体事务中脱离开来，你需要做好以上四件事。当你做好以上四件事的时候，就会发现，你不仅轻松高效，而且还受到公司和员工的高度认可！这是一件三赢的事情！

危机：当面临突发状况时，要如何合法降低企业人力成本

2020年1月，我国暴发了新冠肺炎疫情。此次疫情的发生，对我国的企业经营产生了比较大的影响。

因此，对于大部分企业来说，今年的主要任务是：如何更好地活下来。

要活下来，要么增加收入，要么降低经营成本。在消费被抑制的情况下，降低企业的经营成本就成了企业活下来最好的办法之一。

作为HR，也许你对如何降低企业的经营成本会感到困惑。因为你也许经常会听到其他部门的人说：人力资源部门就是一个成本部门，只花钱不赚钱。

在这样的传统观念之下，很多中小企业不断缩减人力资源部门的编制，缩减开支，以降低成本。

作为一个只花钱不赚钱的部门，该如何做，才能帮助企业合法降低企业的人力成本呢？

从人力资源的角度，一般构成企业人力成本的，有以下几个维度：

表2-10　人力成本维度

序号	项目	子项目	计算公式
1		固定工资	
2	工资总额	奖金	
3		补贴	

续表

序号	项目	子项目	计算公式
4	费用总额	福利费	
5		五险一金	
6		培训费	
7		招聘费	
8		工会经费	
9		离职补偿	
10	成本分析指标	在岗人数	
11		销售收入	
12		利润额	
13		人均销售收入	总人数/销售收入
14		人均利润	总人数/总利润
15		工资率	工资总额/销售收入
16		人工成本率	人工成本额/销售收入

以上序号1~9的部分，属于企业显性的人力成本。要做好企业人力成本的管控，就需要从以上人力成本管控维度出发，利用成本分析指标的数据，进行管控。

降低人力成本有三个方法：

一、做好人力成本预算

要做好人力成本的管控，首先就必须要进行人力成本的预算。只有先了解哪些人力成本是必须要支出的，然后再确定要支出多少，做好预算。

做预算，我们可以采用根据历史数据进行推演的方法。

比如，关于工资总额的预算，有一个指标是"工资率"，也就是上面提到的工资总额占销售收入的比例。

这个比例，没有行业参考值，可以根据你所在企业历年的数据推演出来。

如果企业已经成立多年，那每年都有工资总额和销售收入的数据，可以算出工资率，从而根据下一年的销售收入预测，来推算出工资总额的预算。

人力成本预算的推演：

表2-11　人力成本推演表

	2016年	2017年	2018年	2019年	2020年
人工成本总额（单位：万元）	68.8	109.2	190	445	？
销售收入（单位：万元）	800	1200	2000	5000	10000
人工成本率	8.6%	9.1%	9.5%	8.9%	？
平均人工成本率	9.03%				

按照以上的推算规律，我们如何来做好2020年的人工成本预算呢？

首先，计算出2016年到2019年的平均人工成本率是：9.03%。

其次，如果公司2020年预计的销售收入是1个亿，那人工成本总额如何算？可以采取平均人工成本率，也可以采用2019年的人工成本率，主要看公司2020年的薪酬政策，如果想走领先策略，那可以比2019年的人工成本率高，比如，采用平均人工成本率9.03%，那2020年人工成本总额是：10000（万元）×9.03%=903（万元）。

按照这种方法去做预算，那公司的人工成本就不会暴增也不会递减，使人工成本能够在可控的范围之内。

二、根据销售收入做人工成本管控，倒推出定岗定编

疫情发生之后，企业可以根据后期的销售收入情况的预测，来做好人工成本的预测。预测之后，可以做好定岗定编，缩减人员。如何缩减？可以采取以下步骤：

步骤一：做好组织架构的调整

组织架构的调整，要根据公司的实际业务发展情况来定。比如，在疫情发生之后，有些公司的外贸业务几乎断了。在这种情况下，外贸部门可能需要调整。这种调整，可能是暂时的，也可能是长期的。调整方式可以合并，也可以撤销。

步骤二：根据新组织架构做好岗位的设置

做好了组织架构调整之后，接下来要考虑的是岗位设置的问题。岗位设置的原则一般是"因事设岗"。梳理公司的业务流程之后，再定要设置哪些岗位就很清晰了。从人力成本管控的角度，岗位设置尽量采取"一岗多事""一岗多能"的原则。

步骤三：做好定编

岗位定下来后，接下来是定编的问题。定编可以采取两种方法：

（1）经验法

比如，原来一个岗位是10个人，因疫情原因，业务减少，那就需要减掉一些人。可以根据业务减掉的比例来进行定编。

如果一点业务都没有，那就只留下一些必须要干活的人。

（2）成本中心控制法

根据上面的方法，了解了整个企业的人工成本，然后分摊到各个部门，给各个部门制定成本管控额度，各成本中心根据各个部门的人工成本总额，来确定编制。

比如，生产部原来有100人，人工成本总额是60万元，人均6000元。受疫情影响，公司测算出，要维持公司的发展，人工成本总额只能达到42万元。那生产部就只能有70人的编制，最终要裁掉30人。

三、杜绝无效产出

控制人力成本的核心，不是人力成本总额，而是人力成本比率。在实际的人力成本管控中，有一个指标，我们要特别关注，那就是人力资源产出效率。人力资源产出效率＝人均利润/人均人工成本。

因此，相对于控制成本总额，提高人均产出才是未来人力成本管控的方向，如何做到？HR需要做好以下三件事：

（1）把控招聘关

在招聘的时候，要严格按照招聘的高标准去招聘，尽量招聘到符合岗位要求的人，这样才能保证招聘进来的人，能够为公司创造更大的价值。

（2）为员工创造良好的工作环境

环境会影响员工的精神面貌，影响员工的工作积极性。HR应该致力于为员工提供整洁、安全、舒适的工作环境，促进员工工作效率的提升。

（3）提供有效的岗位技能培训

对于不同层级的员工，HR应该组织有针对性的培训课程，提升员工的工作技能，提升员工工作效率和产品合格率。员工的产出多了，人力成本也就下降了。

Part 3:

登顶篇

OD：普通HR向专业OD转型要学什么

OD是Organization Development的缩写，中文名为组织发展。

用通俗易懂的话讲出来：当企业壮大之后，就可能会出现系统性问题，OD就会用一些科学的方法来对企业进行诊断，及时发现问题，然后采取措施来让企业变得更健康。

你会发现，要成为一名专业的OD并不容易。对OD来说，也是需要一个不断成长的过程。我们可以从四个维度来了解OD：

维度一：岗位设置的目的

一家企业设置OD岗位，是为了提高组织应对外部变化环境的能力，让组织能够持续健康发展，并促进组织内部体系、人、团队发挥出最大的效应。

维度二：OD的作用

OD的作用，就是在组织文化和价值观的作用下，提高组织效率，最大限度地发挥员工的潜力，使人们的行为与组织的战略、结构、流程、目标相符合。

维度三：OD的方法

OD主要是通过组织变革来实现增强组织应对外部变化的环境的能力，以客户需求为基准，通过对内部系统的优化，从而让组织能够快速响应客户的需求，变得更加灵活。

维度四：OD的工作职责

一般来说，一名OD，需要做好以下事情：

（1）协助高层完成公司愿景的梳理和澄清。

（2）负责诊断、设计和优化组织变革工作。

（3）负责组织人力资源与业务部门资源，结合内部业务运营，分析适合业务的组织模式、人员结构、人员配置及考核激励模式，评估组织架构有效性，为组织效能优化提供决策建议。

（4）业务驱动的培训系统搭建，员工成长的培训系统搭建。

（5）组织人才盘点实施，干部任免、评估、培养等环节的有效执行。

（6）参与公司关键岗位人才的胜任力模型建设、人才梯队建设，制定继任计划和干部调配方案。

（7）参与持续优化并运营公司领导力发展体系。

（8）负责职位体系，含岗位体系、序列体系、职位（职级）体系管理。

（9）负责编制管理，含编制预算制定、编制动态管控。

总的来说，大部分公司的OD，主要做三件事：

第一件事：组织优化

建立一套灵活的组织机制，为员工提供透明的、高效的、有活力的组织结构，让员工能够高效工作，促使大家的愿景能够和组织的愿景一致，产生最大的张力。

第二件事：人才发展

通过搭建人才发展体系，发现高潜人才，建立人才梯队，为组织持续发展提供源源不断的高素质人才。

第三件事：文化升级

每家企业都有自身独特的企业文化，企业越大，企业文化的作用就越大。创业阶段，企业靠人治理；发展阶段，企业靠制度治理；成熟阶段，企业靠文化治理。

OD通过文化升级，打造全业独特的企业文化，让更多价值观一致的人一起实现共同的目标。

人才盘点：如何做好人才盘点，搭建人才梯队

人才盘点，其实是源于财务概念资产盘点。一家公司到了年终，一般都会对公司的资产进行盘点，以了解资产的情况，以对资产进行更好的管理。

人才盘点的概念，跟资产盘点有点类似。

人才盘点也叫作全面人才评价，是通过对组织人才的盘点，使人与组织相匹配。

其内容包括明确组织的架构与岗位发展的变化，确定员工的能力水平，挖掘员工的潜能，进而将合适的人放在合适的岗位上。

当公司发展壮大之后，人才就多了。如果不了解人才的状况，就很难充分利用公司现有人才的潜能，做好人才的最佳配置，以更好地让人才和公司的战略匹配。

因此，人才盘点对公司的长远发展来说，是一项非常重要的工作。

一般来说，人才盘点的流程及输出结果下如（详见表3-1）：

表3-1　人才盘点流程

步骤	具体工作计划	输出结果
准备工作	1. 需要做好人才盘点工作的工作计划表 2. 制定《员工工作情况调查表》	《人才盘点工作计划表》 《员工工作情况调查表》

续表

步骤	具体工作计划	输出结果
人才数据分析	1. 人力结构分析。通过员工花名册，对员工的工龄、性别、年龄、学历、各职级人员占比等方面进行分析 2. 人力成本分析。通过薪酬数据，分析员工人力成本增长趋势变化和各体系、层次人员的薪资比重 3. 人才流动情况分析。通过招聘报表和离职报表，对人员入职情况、人员离职情况进行分析	《人力结构分析报告》 《人力成本分析报告》 《人才流动情况分析报告》
人才质量分析	1. 分析员工绩效考核结果。对员工绩效考核成绩进行汇总 2. 分析员工能力情况。这点可以通过胜任力认证来进行，如果公司没有做胜任力模型，那就通过访谈或者问卷调查来做 3. 通过对员工本人、主管、同事的访谈或者问卷调查，了解员工未来的发展需求	《员工绩效考核结果汇总表》 《员工胜任力报告》 《人才地图》 《员工发展需求分析报告》
人才盘点结果运用	1. 建立人才梯队。根据人才盘点结果，我们建立了人才池，了解了人才的分布状况，这时可以做好人才梯队建设 2. 对于各类人才，我们要有相应的发展计划。如果条件具备，我们可以做全员培训计划，如果不具备，那就只做高潜人才培训 3. 人员调整。根据最终的结果，我们知道了哪些人可以晋升，哪些维持不变	《人才梯队名单》 《各类人员培训发展计划》

人才数据分析工作相对来说是比较简单的，关键是做好人才质量的分析。人才质量的分析，涉及两方面的内容：

一、员工绩效考核结果

根据公司的考核结果，对所有员工的绩效考核结果进行汇总，对员工的绩效表现划分为三个等级：

等级高，代表其绩效表现在所有员工中是最好的。

等级中，代表其绩效表现在所有员工中中规中矩。

等级低，代表其绩效表现在所有员工中差或者不合格。

详见下表：

表3-2 员工绩效等级

姓名	部门	岗位	绩效评分	绩效等级
张全	销售部	销售工程师	91	高
李达	销售部	销售工程师	89	高
郑功	销售部	销售工程师	78	中
刘敏	销售部	销售工程师	65	低
王搏	销售部	销售工程师	80	中

二、员工胜任力情况

如果你们公司有做胜任力认证，那可以把认证结果运用到人才盘点上。

表3-3 员工胜任力等级

姓名	部门	岗位	答辩得分（70%）	笔试得分（30%）	综合得分（100%）	胜任力等级
张全	销售部	销售工程师	85	78	82.9	高

续表

姓名	部门	岗位	答辩得分（70%）	笔试得分（30%）	综合得分（100%）	胜任力等级
李达	销售部	销售工程师	83	77	81.2	高
郑功	销售部	销售工程师	80	70	77	中
刘敏	销售部	销售工程师	60	70	63	低
王搏	销售部	销售工程师	78	71	75.9	中

做好人才质量的分析，我们还需要一个工具：人才地图。

人才地图也叫人才九宫图，它是以胜任力为纵坐标，绩效为横坐标，其中，胜任力分成高中低三个等级；绩效也分成高中低三个等级。这样就形成了九宫图。

图3-1　人才地图

接下来，根据上图的内容，来制定公司人才分布地图，具体如下图：

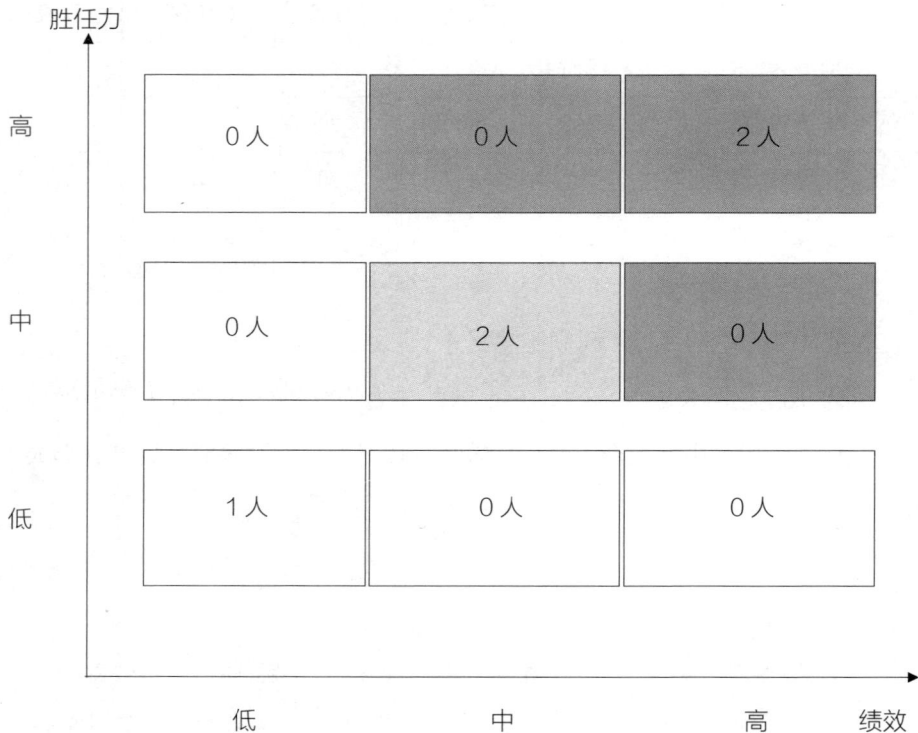

图3-2　公司人才分布地图

由上图可以看出，有2个员工在绩效和潜能评估上同时在中以上（即深色部分）这些人可列入继任者计划中，为其制订培养发展计划。

有2个员工其绩效和胜任力都为中等（即浅色部分），这部分的潜能有待开发，如能加强培养，也能往高绩效高胜任力发展，但也有可能往低绩效低胜任力发展。

有1人是绩效低，胜任力也低。

根据人才分布地图的情况，做好以下两件事：

（1）建立公司的继任者计划

表3-4　公司继任者计划表

姓名	部门	岗位	绩效成绩	胜任力认证成绩	胜任力分析	是否可以列入继任者计划
张全	销售部	销售工程师	高	82.9	绩效高，胜任力高	是
李达	销售部	销售工程师	高	81.2	绩效高，胜任力高	是
郑功	销售部	销售工程师	中	77	绩效中，胜任力中	待考察
刘敏	销售部	销售工程师	低	63	绩效低，胜任力低	否
王搏	销售部	销售工程师	中	75.9	绩效中，胜任力中	待考察

（2）根据人才盘点的情况，找到销售弱项，安排培训计划，实现整体提升

表3-5　销售人员整体发展计划

销售人员整体性弱项	培训开发的路径及方法	时间安排	责任人	费用
思维能力	1. 阅读《麦肯锡工作思维》，提升归纳思维 2. 引进中高层系统培训，进行归纳思维能力培训提升	2020.11		

续表

销售人员整体性弱项	培训开发的路径及方法	时间安排	责任人	费用
领导能力	1. 阅读《领导力》，学习领导力理论和方法 2. 引进中高层系统培训，进行领导力培训提升	2020.09		
产品销售	1. 引进销售人员销售系统培训，进行销售能力培训的提升 2. 实行教练制，一对一进行提高	2020.10		
沟通能力	1. 制订沟通能力培养计划 2. 阅读《沟通力》书籍，掌握沟通技巧 3. 引进销售人员沟通力系统培训，进行沟通能力培训提升	2020.12		

胜任力模型：如何从零开始搭建落地的胜任力模型

HR常说的一句话是："这个人能力很强，非常符合岗位要求，把他招进来。"为什么招进来？因为企业可以利用他的能力帮助企业创造价值。

这里说的"能力"，其实就是岗位的胜任力。如果一家企业的研发能力、生产能力、销售能力、市场能力、服务能力都很强，那它会在竞争中脱颖而出。而这些能力，是靠人才的能力创造出来的。

但是，如何才能找到具有企业想要的能力的人呢？那就要有一个标准。而这个标准，就是"胜任力模型"。什么是胜任力模型？

胜任力模型，源于著名心理学家麦克利兰于1973年提出的"冰山模型"。

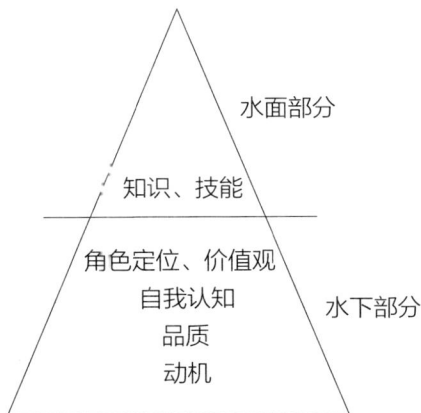

图3-3　冰山模型

冰山模型包含水上部分和水下部分。水上部分包括知识、技能，是外在表现。水下部分包括角色定位、自我认知、品质和动机，是人内在的、难以测量的部分。

英国心理学家斯宾塞将胜任力定义为"能够将某一工作或组织、文化中有卓越成就者与表现平平者区分开来的个人的深层次特征，它可以是动机、特质、自我形象、态度或价值观、某领域知识、认知或行为技能，即任何可以被可靠测量或计数的并且能够显著区分优秀与一般绩效的个体特征"。

因此，企业建立"胜任力模型"，其背后的逻辑，是找到岗位系列的优秀员工的胜任力要素，然后把这些要素具体化。

当有了这些要素标准之后，我们就可以按这些标准去寻找、培养人才，这样寻找到的人才，就是适合企业的人才，而且有了标准之后，培养的速度就会加快。

有了胜任力要素标准之后，企业也可以根据员工是否具备相应的要素标准，来帮助员工获得职业发展。

建立胜任力模型标准体系

那该如何建立胜任力模型标准体系呢？可以采取以下三个步骤：

步骤一：搭建建立胜任力素质模型的班子，做好计划

（1）领导牵头，召开项目启动会

①召开"胜任力模型项目"项目启动会，希望公司领导（董事长、总经理）可以高度重视，积极推动，分管领导亲自抓落实，由公司人力资源部门负责人制定实施方案，并向公司各部门负责人介绍"胜任力模型项目"工作的实施计划。

②成立"胜任力模型管理委员会"，公司各部门需指定专人配合"胜任力模型项目"工作，委员会的日常事务由公司人力资源部门根据计划统筹安排。

（2）各部门参与全过程

在实际的工作过程中，很多人力资源从业者都会犯一个错误，就是无论什么制度，都由人力资源部来制定，然后由各部门实施。如果是这样，各部门会非常抵触。所以，胜任力模型要素标准的设计一定要贴合业务部门的实际情况，标准的描述应具体、有可操作性。

在过程中和各部门负责人或关键人员共同来设计胜任力模型要素标准，然后当胜任力模型要素标准的初稿制作出来后，一定要组织各业务相关的骨干人员一起仔细地阅读和理解，将胜任力模型要素标准的初稿进一步细化，保证业务部门对胜任力模型要素标准的理解没有偏差，同时也可以使胜任力模型要素标准具有可评估性。

步骤二：岗位序列划分和建立职业发展通道

（1）岗位序列划分

岗位序列主要分为管理类、专业类、研发类、营销类、操作类。按照各序列划分，为各序列建立发展通道，如管理类，详见表3-6：

表3-6　管理类岗位序列划分

管理
决策层（战略规划级）
高层（专业战略规划级）
中层（经营管理级）
基层（基层管理级）
一线（一线管理级）

（2）建立职业发展通道

公司可以建立职业发展双通道。公司可以根据实际情况，来缩减层级。

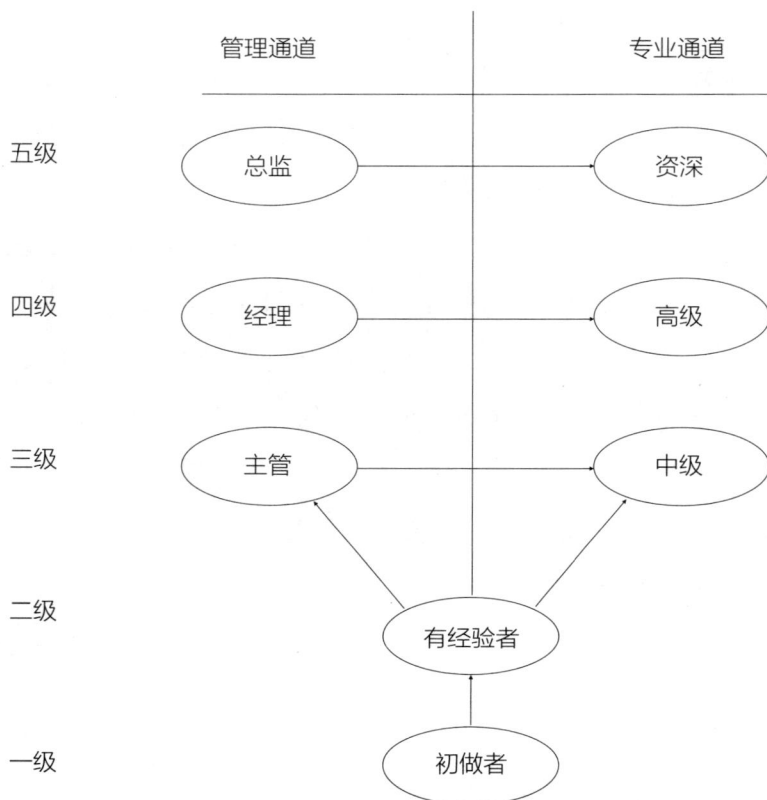

图3-4　职业发展双通道

步骤三：编写胜任力模型要素标准，制定胜任力辞典

胜任力要素模型包括核心胜任力要素、通用胜任力要素和专业胜任力要素三项。

（1）核心胜任力要素

核心胜任力要素基于公司的使命、愿景和价值观，是公司每一位员工都必须具备的胜任力。我们需要把公司最核心的愿景、价值观提炼出来，作为每个岗位必须具备的要素。

（2）通用胜任力要素

通用胜任力要素基于各个岗位序列共通的素质能力要求，适用于序列内的所有职位，但由于各职位所处的层级不同，因而各个要素要达到的层级标准也不同。

例如，售后工程师的通用胜任力要素有：沟通力、责任心、积极主动、服务意识、客户导向。

这五种胜任力要素的模板如下：

①沟通力

表3-7　沟通力各层级标准

行为表现				
一级	二级	三级	四级	五级
愿意沟通，有沟通的意愿，能够回应他人发出的沟通信号	能够耐心倾听对方的观点，通过询问，能基本把握客户的需求以及问题所在，并能完整地表达自己的意见和想法	能积极主动地与客户沟通，遇到客户报修或投诉，能够耐心倾听，准确理解对方的观点，并进行专业性的交流，表达准确，对方容易接受	能清晰表达较为深奥而复杂的观点。主动热情，在为客户服务的过程中，能主动为客户进行技术讲解和预防告知	能预见到他人的需要和关注点，不但在技术上为客户进行沟通讲解，同时具有一定技巧，安抚客户情绪，减少客户的担忧
定义：通过倾听、清晰表达自己的意见，与客户沟通交流并解决问题、提高客户满意度的能力				

②责任心

表3-8 责任心各层级标准

行为表现				
一级	二级	三级	四级	五级
明确自己的工作职责和角色	对职责范围内的工作进展情况按要求标准完成	当工作中面临需要同时处理职责内和职责外的任务时，能主动采取应对措施	主动公开地承担本职工作中的责任问题	支持公司战略目标的实现，即使面临巨大压力或个人利益受到损失时，仍能不折不扣完成工作并承担责任
定义：认可自己的工作职责，采取行动去完成这些职责，并自发自觉地承担工作后果				

③积极主动

表3-9 积极主动各层级标准

行为表现				
一级	二级	三级	四级	五级
在工作职责范围内，主动地去完成工作，基本不拖拉	在工作职责范围内，在面对问题情况时，迅速果断地采取行动去处理	在工作职责范围内，遇到问题能够采取独特的行动进行处理	遇到问题能够采取独特和额外的行动进行处理	能够采取行动避免问题，这些问题通常不被其他人所意识到
定义：在工作中自觉地付出超乎工作预期的努力，在没有他人鼓励的情况下善于发现和解决问题，能提前预计到事情可能的障碍，并有计划地采取行动避免问题的发生，提高工作绩效				

④服务意识

表3-10 服务意识各层级标准

行为表现				
一级	二级	三级	四级	五级
能按工作职责提供必要的服务	根据工作职责提供必要的服务，理解客户的需要，客户满意度达70%	以客户需求为导向，主动提供服务，帮助他人。客户满意度达85%	以客户需求为导向，为客户提供全面的服务，并且服务质量好，客户满意度达95%	客户满意度达95%以上，能产生持续的良性循环，并产生可观的服务收入
定义：在工作中满足客户需求的意识，并能主动提供优质服务，帮助他人做好相关工作				

⑤客户导向

表3-11 客户导向各层级标准

行为表现				
一级	二级	三级	四级	五级
耐心倾听客户的咨询解决常规性的客户问题	与客户保持沟通，当客户需要帮助的时候可以随时取得联系	当常规产品和服务不能满足客户需要时，为客户提供个性化的产品和服务，尽可能快速准确地解决客户问题	关注和了解客户的潜在需求，致力于开发符合客户需求的产品和服务	担任客户的顾问角色，为客户寻找长期利益，能够采取具体的措施为客户提供增值服务，并借此成功取信于客户
定义：能够关注外部客户不断变化的需求，竭尽全力帮助和服务客户，为客户创造价值				

（3）专业胜任力要素

专业胜任力要素基于各个岗位特定的知识技能要求，仅适用于特定的岗位。如管理岗位需要具备目标管理、文化管理、资源管理、决策管理等知识，还要具备目标管理：制定目标、计划；实施计划：监控与评估；文化管理：内部工作关系；外部工作管理；资源管理：现有资源管理；资源的获取、分配、控制等技能。

胜任力的应用，可以贯穿于人力资源所有工作的全过程。胜任力模型的运用，主要在以下四大方面：

①招聘方面，不仅注重考察相关的知识、技能和能力，更注重相关的职业角色认知、自信心、动机、习惯等方面的考察。

②培训方面，制订个性化提升培训计划。通过对认证结果的分析，明确认证对象整体上的强项和弱项，以及每一位人员的强项和弱项。在结果分析的基础上，有针对性地制订认证人员整体性的培训开发计划和每一位人员的个性化提升计划。

③发展方面，认证结果为公司的晋升和岗位调整提供一定的客观依据。以认证结果为基础，结合其他考评，对其中的一些优秀者可考虑根据工作需要给予晋升，而对未能达标的，可给予一定时间学习提升，让其再参与下一次的资格认证，若仍未能达标，则考虑调整岗位。

④薪酬方面，认证结果达标的，可参与相应级别管理岗位的竞聘。受聘担任相应级别管理岗位的，可享受该岗位的薪酬待遇；未受聘担任相应级别管理岗位的，薪酬可获得适当提升。

组织结构：HR总监如何从小米公司的发展中学习组织结构的调整

小米公司刚创立的时候，只有十几个人。所以，对这些人，雷军是可以做到直接沟通的。因此，雷军自豪地对外宣称，小米公司是超级扁平化管理，只有三个层级，分别是老板－部门负责人－员工。所以，小米公司刚创办的时候，沟通效率很高，员工做事效率也很高。

但是，到了2018年，小米公司设立了组织部和参谋部，而且管理层级有10级，分别是13级到22级。因此，到了这个阶段，小米公司不再是扁平化管理，而是具有了大公司应有的组织结构。

这种组织结构的变化，其实是所有公司不断发展壮大的必然结果。作为HR总监，也必须认识到，组织结构必须随着企业发展而不断变化。

小米公司组织结构的变化，存在哪些管理学原理呢？HR总监又该如何做好企业不断发展壮大之后的组织结构调整？在这里，分享一下我对企业组织结构调整的看法和建议。

在管理学上，有两个概念是大家需要清楚的，一个是管理幅度，一个是管理层次。

一、管理幅度

管理幅度又叫作管理跨度、管理宽度等，指的是一名管理者有效管理、控制下属的人数。任何人的时间、精力都是有限的，他能够管理的直接下属也是有限的，也就是说，管理者的管理幅度是一定的。在管理学中，一个管理者最多管理多少人由管理者所在的管理层决定，一般中高层管理者一个人管理5～8人最好，基层管理者一个人管理10～15个人最好。当超过了这个幅度时，他的管理效率就会下降。这时，如果想维持或者提高管理者的管理效率，组织就要增加管理层次。

所以，这里又提出一个概念就是管理层次。

二、管理层次

管理层次是与管理幅度密切相关的一个概念，它也称作组织层次。一般来说，管理层次包括两方面的含义，一方面，指的是从组织最高管理组织到最低管理组织的层次，称为组织层次。另一方面，指的是从组织最高职务到最低职务的层次，称为职务层次。管理幅度与管理层次是密不可分的，两个基本概念是一个问题的两个方面，二者都反映组织结构纵向分工的概念，表明了组织的纵向结构、设计方式。

管理幅度与管理层次的关系主要表现为两方面：

第一，管理幅度与管理层次是互为反比例的，管理幅度包含了横向的数量关系，管理层次包含了纵向的数量关系，当组织的规模达到一定程度时，管理幅度与管理层次就反映了反比例的数量关系，管理幅度越大，管理层次就越少，管理幅度越小，管理层次就越多。这个很容易理解。比如一家公司100个人，如果一个老板直接管100人，那它就只有一个管理层次；如果老板觉得累，想多叫两个经理来管理，那两个经理各管50人，老板直接管2个经理，这时，老板轻松了，此时，共有2个管理层次。

第二，在组织设计中，管理幅度与管理层次是相互制约的，有效管理幅度是一项重要原则，管理幅度是决定管理层次的首要因素，由于每位管理者的管理幅度是有限的，因此为了保证有效的管理，就必须遵循有效管理幅度的原则，不能随意减少管理的层次。

从管理幅度与管理层次的相互关系，可以引出两种组织结构，即高耸式组织结构和扁平式组织结构。

　　所谓高耸式结构，就是管理幅度较小、管理层次较多的组织结构形式。所谓扁平式结构，就是管理幅度较大、管理层次较少的组织结构形式。

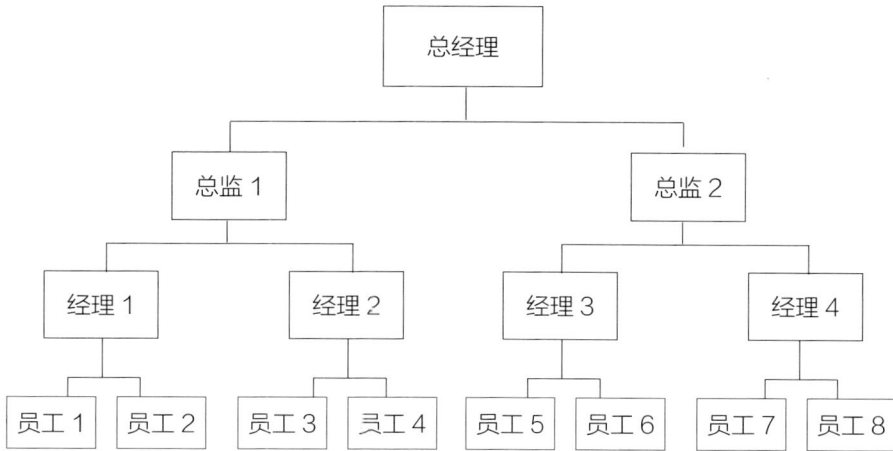

图3-5　高耸式组织结构

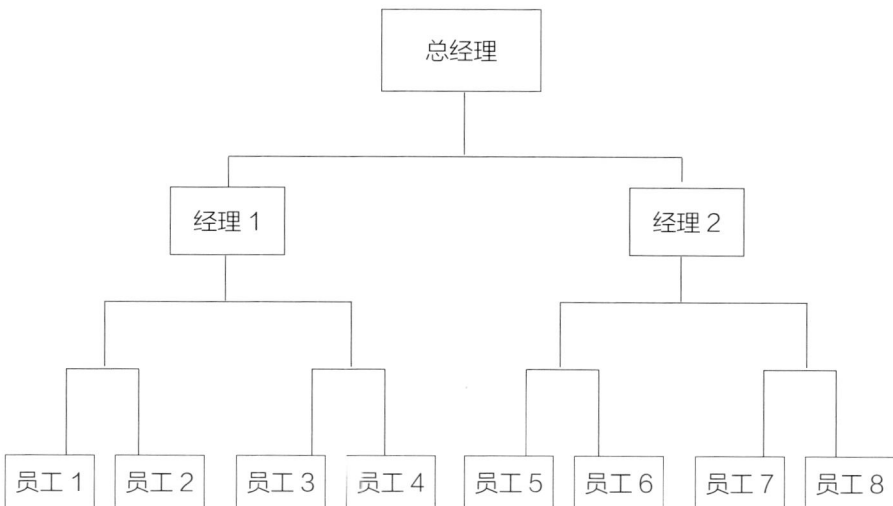

图3-6　扁平式组织结构

高耸式结构和扁平式结构，各有利弊，其优缺点详见表3-12。

表3-12　高耸式和扁平式组织结构优劣势

组织结构类型	优势	劣势
高耸式	·分工较细，控制严密 ·便于监督和管理，管理人员精力充沛 ·关系清晰，权责明确，便于统一指挥	·因管理层次多，信息沟通时间长，中间容易出现沟通错误 ·由于控制严密，影响员工的满意度和创造力
扁平式	·因管理层次少，信息沟通速度快 ·因管理幅度大，员工有较大的自由度和自主性，因而员工积极性、创造性较高，满意度高	·上下级沟通协调较差，容易出现工作拖延现象 ·不利于决策的统一部署

了解了这两种组织结构类型后，接下来，我们来了解一下小米公司的发展。雷军曾表示，相比起1000亿的数字游戏，小米公司的管理成本和公司架构调整是更为严峻的问题，组织结构不调整，小米公司的发展就不可能加速。为了提高管理效率，小米公司必须推进层级化落地。

从战略管理目标实现的角度，小米作为一家有着上千亿营收规模的公司，它的目标实现已经不可能单纯地靠雷军喊口号来带动员工实现了，它必须靠现代化的战略管理工具和适合企业现状的组织结构，才能保证战略目标的实现。

因此，从两种组织结构的优劣，就可以看懂小米公司的变化。作为HR，除了学习六大模块的知识外，还要多学习组织设计知识，推进组织发展。

HRBP：如何成为一名有价值的HRBP

要了解HRBP的来源，首先我们必须先了解三支柱模型。

我们都知道人力资源管理有六大模块，但随着尤里奇关于HR三支柱模型的演讲和文章慢慢走进人们的视野，人们开始知道原来人力资源有这样的划分方法。这些年来，国内有很多的企业都开始实施三支柱模型。

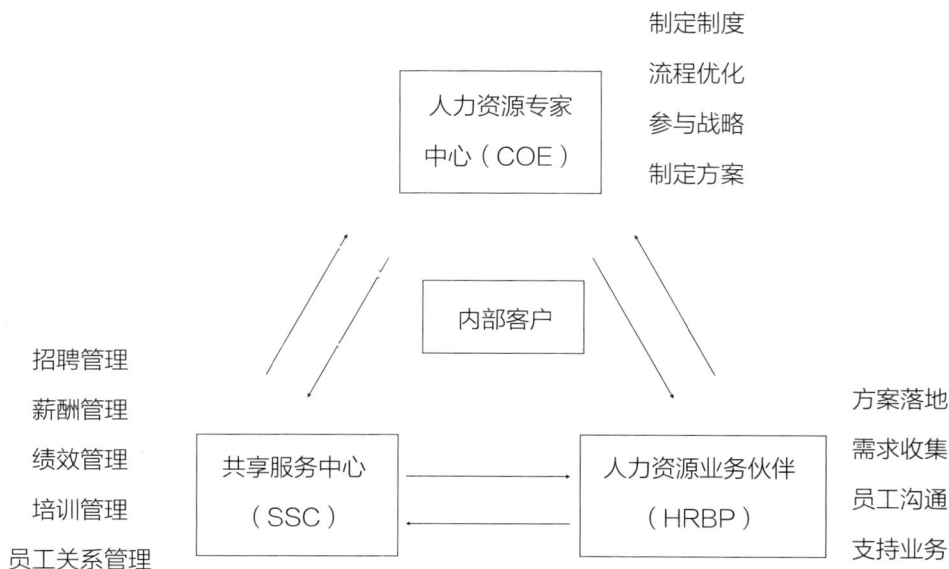

制定制度
流程优化
参与战略
制定方案

人力资源专家
中心（COE）

内部客户

招聘管理
薪酬管理
绩效管理
培训管理
员工关系管理

共享服务中心
（SSC）

人力资源业务伙伴
（HRBP）

方案落地
需求收集
员工沟通
支持业务

图3-7　HRBP体系

三支柱模型包括：人力资源专家中心、人力资源平台（共享服务中心）、人力资源业务伙伴。

杰克·韦尔奇曾说过，"人力资源负责人在任何企业中都应该是第二号人物"，但在中国，99%的企业都做不到。原因很简单，人力资源部没创造与二号人物相对应的价值——业务增长很快，但HR总在拖后腿。

所以HR要为业务部门创造价值，就要像业务单元一样运作。在这个业务单元里，有人负责收集客户需求、有人负责方案制定、有人负责服务交付，在这个背景下，三支柱模型应运而生。

要为业务部门创造价值，就要跟服务外部客户一样，满足业务部门个性化的需求，因此HRBP角色应运而生，他们的主要工作就是解决业务部门的需求，为业务部门提供专业咨询和服务。

要为业务部门提供专业的咨询和解决方案，这要求HRBP必须要有非常全面的专业知识和工作经验，又要懂HR专业技能又要懂业务。然而闻道有先后，术业有专攻，这样的要求似乎有点不大现实，HRBP肯定无法做到全能，这就需要有人来承担一些更高端的工作，他们在自己擅长的领域有着精深的专业技能和实践经验，负责设计符合业务部门需求的解决方案，并为HRBP提供技术支持。他们代表公司在HR专业领域最高的水平，这就是COE人力资源专家中心。

人力资源事务性工作很多，我相信很多小伙伴都深有体会，算工资、考勤、办理入职或离职等都会占据HR大量的工作时间。要让HRBP有更多的时间去思考更高层次的问题，就必须让HRBP从繁杂的事务性工作中解脱出来。所以就出现了SSC人力资源平台。随着IT技术的发展，企业可以通过信息管理系统来处理事务，例如我们可以把一些人力资源事务性的工作放到线上，可以省掉很多事务性的工作量。

以上是HRBP的来源，接下来谈谈HRBP成功的关键。

HRBP成功的关键

三支柱模型的成功实施，有一个重要的"加减法"法则。加法就是组建HRBP团队，贴近业务将HRBP配置到位，从而为业务部门创造能感知的价值；减法就是创建共享服务中心，通过标准化、流程化、IT化，将HRBP从事务性的工作中解脱出来，从而提高运营效率。

我们可以看出，要培养成功的HRBP，关键点是要让他们从事务性工作中解脱出来，然后让他们创造客户能感知的价值。

然而在实施的过程中，我们很多企业却无法做到这一点。我们都知道华为的三支柱模型其实实施得挺成功的，这些都是基于他们强大的数据支持系统和专家团队，然而对于大部分企业来说，这些都是可望而不可即的。基于这一点，下面来重点分享下我关于HRBP实施过程中的理解。

失败的HRBP三大陷阱

很多企业，在实施三支柱模型时，错误理解了HRBP这个角色定位。从字面上来理解，HRBP就是业务合作伙伴，所以很多人力资源管理者以为只要把一个做人力资源的人专门放到业务部门，然后专门解决业务部门的问题，不管是大事小事，只要是这个业务部门的事情，都由HRBP一肩挑，结果HRBP精疲力竭，死在了无数的琐事上。不仅没有起到HRBP应有的作用，反而让业务部门觉得，怎么好像HRBP都没有帮助到我们什么啊！其实，这些都是企业在实施过程中的陷阱。

一、HRBP贴近业务成为一种形式

我在做HRBP之前，我做HR都是会从业务部门的需求出发，了解他们的想法，了解他们的真实情况，尽量解决他们存在的问题，但我做了HRBP之后，发现有些企业，就算把HRBP的编制放在了业务部门，这些HRBP也无法做到

贴近业务，因为他们不懂业务，这导致HRBP贴近业务成为一种形式。

二、HRBP沦为人事文员

HRBP的角色定位是什么？HRBP就是干杂事的！这是我听过最多的回答。

三、HRBP沦为个体户

很多公司的HRBP，都处于单打独斗的状态。

成功的HRBP必须要做到四点：

一、必须创造可感知的价值

在一年的周期里，你除了把一些琐事做完了之外，最好自己要主动做一些比较大的项目性工作，否则，作为HRBP很容易被业务部门忽视。人力资源部门之所以总是被业务部门诟病没有创造价值，是因为他们总是认为HR部门不赚钱，所以HRBP不能只做招聘，只做一些基础性的事务性工作，还要参与到一些人力资源项目性工作中去，例如人才盘点、任职资格认证、专题培训工作等。要创造让业务部门能够感知的价值，必须把这些项目的有用性与业务经理深入沟通，解决他们的痛处，才能获得他们的认可。

二、抓住重点工作不放

重点工作选择的标准是什么呢？首先是业务经理关注的，例如他可能很关注某个销售岗位的招聘，那你要花时间来重点完成这些岗位的招聘。其次是你自己发现的重大业务问题。例如你发现销售人员在销售的过程中没有激情，你是否可以帮助业务经理收集相关培训需求，来组织一次培训提升一下他们的激情呢？

抓住重点工作不放，虽然可能你还有很多工作做不完，但至少可以保证自己不犯大错。

三、要学会借力

很多时候，除非你是HRBP管理者，否则HRBP就是一个人。一个人的精力总是有限的，要避免踏上上文提到的陷阱，我们就必须学会借力。我们要借谁的力呢？可以借人力资源专家的力、借共享服务中心的力、借人力资源领导的力、借业务部门领导的力。该如何借力？在工作中，总会发现业务部门存在的问题，例如我们发现了业务部门的销售技巧方面的培训需求，这时，我们精力不足，我们就可以和人力资源部专门负责培训的同事沟通，让他们来组织一次培训。总之不管谁组织了培训，你能够借力去做好就是你的本事。借力是HRBP必不可少的本事，所以你一定要有沟通协调能力。

四、了解业务

很多公司为了能够更贴近业务，为业务部门创造价值，建立起了三支柱模型：一方面搭建HRBP队伍，为每个业务部门配置HRBP；另一方面建立共享服务中心，通过标准化、流程化、IT化，将HR从繁杂的工作中解救出来。所以，HR提升自我价值的一个关键是，深入业务、了解业务、熟悉业务的产品和流程，主动提炼出业务的痛点和需求，帮助解决业务部门管理者的当务之急，这才是HR提升价值的出路。不管公司有没有建立三支柱体系，我觉得你都应该做到这一点。

对任何企业来说，为客户服务是企业存在的唯一理由。而企业的业务部门和员工就是HR部门的客户，这是HR必须要清楚的定位。

不深入业务，你做的人力资源方案就难以落地。那我们该如何提升深入业务的能力呢？

首先，我们来了解一下，什么是懂业务。

第一，懂公司是做什么的。比如公司产品是什么？客户是谁？商业模式是怎么样的？竞争对手有哪些？上下游企业有哪些？公司的SWOT分析是怎么样的？

第二，懂公司的业务流程。比如公司的组织结构是怎么样的？岗位设置如何？岗位编制如何？每个岗位都是做什么的？输出的结果是什么？公司的业务流程如何？各个部门是如何协调运作的？

第三，懂业务的痛处。每个部门的痛处都不一样，有的部门痛招聘，总是招不到人；有的部门痛人才流失，总是留不住老员工；有的部门痛员工积极性，员工工作无激情；有的部门痛无考核，做好做坏都一样。了解他们想要的，你才能真正帮助到他们，得到他们的认可。

其次，针对以上，要做到懂业务，我觉得可以从以下几方面入手：

第一，不管公司有没有组织结构和岗位说明书，你最好自己思考一遍。

第二，试着自己去画一下公司的业务流程图。了解公司的业务节点，知道每个节点输出的结果是什么，哪个节点最关键，哪个节点问题最多。

第三，多去一线部门转转，多跟一线部门的人员聊天，了解他们的困难和需求。有时跟部门负责人聊天，你就知道他们最关心的是什么。还可以找机会参加业务部门的早会，了解他们谈得最多的是什么，从中找到和人力资源契合的点。

第四，如有机会，参与公司的项目性工作。项目性的工作一般都是团队作战，你有很多机会与其他部门员工协同合作，而且一般项目都是深入业务层面，通过完成项目，你对公司的业务会有更深的了解。

三支柱模型要真正用好，还需要企业做很多事情。如果真正要成功实施三支柱模型，让HRBP真正落地，企业就必须要先把共享服务中心构建好，分清楚HRBP、SSC、COE的角色定位和岗位职责，同时HRBP也要具备相关的能力，才能真正发挥作用。

莫为了跟风而随意设置HRBP岗位，否则HRBP就是一个噱头，既无法完善企业的人力资源管理体系，也影响了企业的长远发展。

人均效能：HR如何提升组织效能

人均效能即人均劳动效率，是考核企业每个员工在一定时期内完成工作量的指标。

现在的企业人力成本越来越高，很多企业虽然营业额逐年递增，但是员工规模也在逐年增大，这使得企业虽然看似快速发展，但是组织结构臃肿，人均效益低下，企业发展隐藏着巨大危机。

因此，提高人均效能是企业未来的发展趋势，精英化招聘也是企业未来快速发展的一个利器，谁能提升人均效能，谁就能够在未来的竞争中轻装上阵，获得竞争优势。

那该如何做好人均效能的提升呢？

人均效能的提升，不能来虚的。很多企业喊着"提升人均效能"的口号，却做着增员促益的事情。

人均效能的提升，主要从两个维度去考虑。第一个维度是销售额；第二个维度是人才配置。

如果把"销售额"作为纵坐标，"人才配置"作为横坐标，你会轻易发现"人均效能"的秘密。

（1）销售额高＋人才配置数量少，说明人均效能高。

（2）销售额高＋人才配置数量高，说明人均效能是否高，要具体情况具体分析，有可能是靠人海战术提高销售额。

（3）销售额低+人才配置数量少，要么人均效能低，人均效能影响了组织效益；要么人均效能高，人才配置数量影响了组织效益。

（4）销售额低+人才配置数量高，说明人均效能低。

以上四种情况，第一种情况是企业提升人均效能的目标，以最少的精兵强将，创造最多的销售额。第二种情况是我们可以优化的，看看是否能够通过减少人才配置，依然保证高销售。第三种情况也是可以优化的，人才配置少不一定是好事，因为无法创造更多的销售额。第四种情况是一定要优化的。

下文主要针对第四种情况，看看如何优化，才能达到第一种情况。

人均效能的提升，要么不断提升销售额，要么不断减少人员。按照上面的分析，企业可以通过增员来提升销售额；企业当然可以不断减少人员，但也可能意味着销售额的下降。

但这其中有一个难题是，提升人均效能，如何在提高销售额和减少人员配置数量这两者之间取得一个平衡，使得不会因为减少人员配置数量而降低销售额。

在这里，给大家介绍提升人均效能的三个步骤。

步骤一：对标行业标杆水平

企业在做人均效能提升时，要了解行业标杆企业的水平值。如，衡量人均效能的指标有：人均净利润、人均销售额、人均生产率等。

对企业来说，对这些指标的数值要有对标，不仅仅是对标本行业的，同时，还可以对标其他行业的。

当然，人均销售额可能是一个比较粗糙的指标，还要考虑人均净利润、人均生产率等。

步骤二：用人均效能指标倒逼人才配置

制定出你公司的人均效能指标，你就有了对比的标准，接下来，你可以用人均效能指标倒逼人才配置数量。

如何倒逼呢？通过企业制定的人均效能标准倒逼。

举例：

如果公司通过对标规定，销售员平均销售为500万元/人以上。假如某个销售部门全年销售额是一个亿，销售员有30人，那人均销售额为333.33万元，远远低于500万元的标准，那你就可以考虑做减员了，只有减员，才能提高你的人均效能，把那些销售不好的销售员换掉。

步骤三：加强用人过程管理，合理定编，随时增员减员

但提高人均效能是一个动态的工作，有可能一个季度市场好，那就需要多加人，也有可能某个季度市场不好，就需要减员。

人力资源部门可以协助用人部门制定岗位定编的方法。建立岗位定编的办法是管理人均效能的有效办法。通过合理的岗位定编标准，合理控制人员数量。

怎么做呢？最好是具体到岗位，制定某个岗位的定编标准。例如装配工岗位。

表3-13 装配岗位定编标准

装配岗位定编参考标准	
装配电机	每月装配1000台电机，需要装配工100人
	每月装配1000~1500台之间，在100人基础上，增加30人
	每月装配1500~2000台之间，在增加了30人的基础上，再增加30人

通过定编的管理办法，可以把公司的人均效能控制在可控的范围内，这对HR做好招聘工作也是有好处的。

通过以上三个步骤，我相信你既能做好人均效能的提升工作，也能保证组织效益的最大化。

企业文化：HR总监如何推动建立企业文化并落地

所有的企业，都希望自己的员工能够脚踏实地，一条心地为企业做出贡献，可是，能做到的企业并不多。

能发展到这种程度的企业，一般有以下几个特征：

（1）员工知晓企业未来愿景和使命。

（2）员工创造的价值更高。

（3）企业发展迅速。

对于企业来说，打造具有本企业特色的企业文化，具有以下三个好处：

一、能够让员工变得有使命感

世界500强企业都有自己独特的企业文化，并且提炼出了符合自身企业的使命。

企业的使命感，能够让员工变得具有使命感，从而把企业的目标变成员工的目标，成为企业源源不断的发展动力。

二、企业文化能提高员工的归属感

如果你做过离职访谈，也许你会听过一些员工跟你反映他的离职原因是没有归属感，再深究没有归属感的原因，是因为员工无法感受到企业的关怀，找不到精神的寄托。

找不到精神的寄托，其实就是企业缺乏让员工感知到的企业文化。

因此，打造企业文化，并让员工感知到，能够提高员工的归属感，从而留住优秀的员工。

三、企业文化能够让企业的凝聚力更强

价值观是企业文化的核心内容，因此，企业要让员工有一致的价值观，就必须打造具有本企业特色的企业文化。

要打造能够落地的具有本企业特色的企业文化，需要按以下步骤来做：

步骤一：做好精神层内容的提炼

企业文化的核心是精神层内容的提炼。

企业文化精神层的内容包含核心理念和经营理念两方面的内容，详见图3-8：

核心理念，指的是企业全体员工普遍遵循的做事法则，包含使命、愿景、核心价值观。

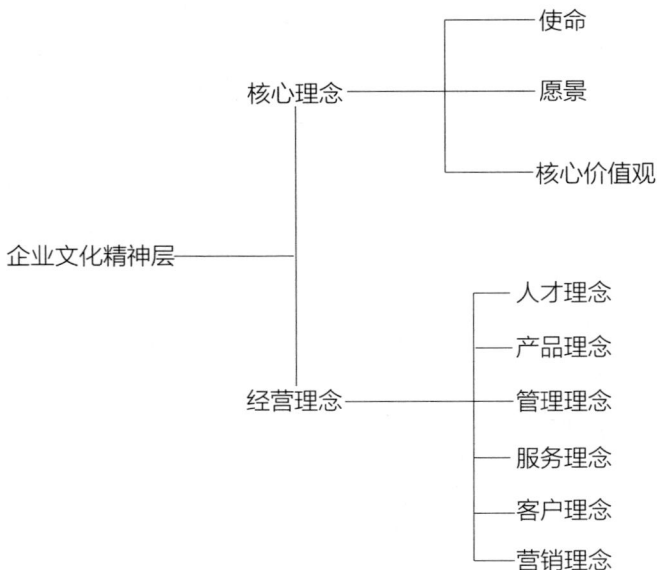

```
                                                ┌──── 使命
                              核心理念 ──────────┼──── 愿景
                                                └──── 核心价值观
企业文化精神层 ────────────────┤
                                                ┌──── 人才理念
                                                ├──── 产品理念
                              经营理念 ──────────┼──── 管理理念
                                                ├──── 服务理念
                                                ├──── 客户理念
                                                └──── 营销理念
```

图3-8　企业文化精神层体系

经营理念，包括人才理念、产品理念、管理理念、服务理念、客户理念、营销理念等。这些经营理念，是指导各有关领域的行为准则。

经营理念的提炼，往往根据职能行为特点，提炼出一两句话，以指导该职能领域的行为。

步骤二：做好公司相关制度的建设

通过明确的、书面的规章制度，来明确员工什么事可以做，什么事不可以做等。一家公司的企业文化要落地，必须通过明文的规章制度，告知员工需要遵守的行为法则有哪些。规章制度包含流程制度和行为规范。

流程制度，例如《人力资源管理制度》《行政管理制度》《会议管理制度》等企业管理制度。

员工行为规范，指的是员二日常行为的标准。例如工作日员工是否需要穿着工装，办公室内部能不能谈恋爱，公司的文件格式，等等。

制定规章制度和行为规范时，可以参照同行业的做法，同时，也可以加入公司领导的要求，只要不违反法律法规，一般都是没有什么问题的。

步骤三：做好企业文化的贯彻实施

很多企业把公司的核心价值观、经营理念等，提炼出来之后，就不管了。如果是这样，那这样的企业文化，就是待在一堆废纸里的文案，对企业没有任何的帮助。

因此，企业如果要打造落地的企业文化，就必须做好企业文化的贯彻实施。该如何做呢？可以采用以下三种方法：

方法一：定期举办企业文化学习培训。

企业应该把企业文化故事化，并形成课程，定期举办企业文化学习培训，培训之后，要求每一位员工结合自身工作情况，书写企业文化践行心得。

也可以举办企业文化主题征稿活动，给予投稿人一定的奖励，让企业文化通过学习，深入每一位员工的内心。

方法二：把企业文化细化到员工的工作中。

比如，企业的核心价值观是坚持，那在招聘员工的过程中，就要把坚持作为一项必考察的要素，制定相应的面试题目，以考察求职者是否具备"坚持"的品质。

比如，客户理念是"客户第一，员工第二，股东第三"，那在实际的客户服务过程中，就要把客户的利益放在第一位，指导销售员在跟客户打交道的时候，要时刻谨记客户利益第一，只有把企业文化细化到员工的工作中，才能让企业文化真正成为员工做事的最高准则。

方法三：做好企业文化价值观的考核。

比如，如果公司的核心价值观是诚信、卓越、感恩、担当、创新，那你可以制作这些价值观的评价标准，让员工进行自我评分和上级评分，看看员工是否具备这些价值观。如下表：

表3-14　价值观考核表模板

工号		姓名			职位		
部门					入职日期		
评价内容	权重	评分标准					自评	上级评分	得分
		5分	4分	3分	2分	1分			
诚信	20%	总能	经常	一般	偶尔	不能			
卓越	20%	总能	经常	一般	偶尔	不能			
感恩	20%	总能	经常	一般	偶尔	不能			
担当	20%	总能	经常	一般	偶尔	不能			
创新	20%	总能	经常	一般	偶尔	不能			
得分合计	100%								

步骤四：将企业文化向员工展现出来

企业文化是精神层面的东西，如果你不展现出来，是很难让员工感知到的。没有感知，就无法让企业文化深入到员工的日常行为中。在这里，给你介绍三种展现的方法：

方法一：把公司的核心价值观、使命、愿景等，通过印刷并张贴出来，让员工能够随时看到；公司固定使用的纸杯、文件袋、文件纸，印上公司的核心价值观、使命、愿景等。

方法二：做好企业文化墙。

企业可以单独找一个地方，把企业文化的内涵展示出来，做好企业文化的宣传。

方法三：做好公司的月刊。

企业文化的展现是一个持续的过程，企业可以建立起月刊等宣传渠道，收集企业文化的典型事例，定期向员工展示企业文化。

增收：当面临突发状况时，如何实施全员销售，实现增收

新冠肺炎疫情发生之后，很多企业的收入都受到了影响。为此很多企业都实施了全员销售的措施。

对于全员销售，大家议论纷纷：全员销售真的能够提升公司的销售额吗？全员销售，是指企业所有员工对企业的产品、价格、渠道、促销（4P销售理论）和需求、成本、便利、服务（4C理论）等可控因素进行互相配合、最佳组合以满足顾客的各项需求（即指销售手段的整合性）；同时全体员工应以销售部门为核心，研发、生产、财务、行政、物流等各部门统一以市场为中心，以顾客为导向，进行销售管理（销售主体的整合性）。

全员销售不是个新鲜事，有很多企业都曾喊着口号要做"全员销售"，但大部分都是雷声大雨点小，能做成功的没有几个。之所以没有成功，原因主要有以下几个：

原因一：员工根本就没有销售的相关能力。

原因二：员工没有目标，就没有压力。

原因三：员工销售没有制度保障。

原因四：没有激励保障。

原因五：全员销售扰乱公司正常的销售市场，损坏公司品牌形象。

以上五个原因，是导致全员销售失败的主要原因，因此，要做好全员销售，就必须解决好这五个问题。基于此，我的建议如下：

一、人力资源部要做好员工销售能力的培训提升

HR可以和业务部门协商沟通，做好相关的培训计划：

（1）专业的产品技术知识培训

人力资源部可以牵头组织编写《公司产品知识问答》精品课程，然后组织公司的技术人员对销售人员进行培训。

培训后，要求销售人员将相关知识背诵下来，之后，还要组织考试、面考等，销售人员如有大的问题，则判为不合格，继续培训，直到全部过关。

（2）有效沟通能力

有效沟通能力，主要包括表达能力、提问能力、倾听能力。有效沟通能力是销售人员必须掌握的能力，优秀的销售人员，其有效沟通能力都非常好。人力资源部可以组织开展一次《有效沟通》的课程，争取做到培训实操性强、贴近销售工作。

（3）商务礼仪

在实际的销售工作中，销售人员经常要和客户面对面地沟通。所以，销售人员的商务礼仪就显得非常重要了。

人力资源部可以组织开展《商务礼仪》课程，让所有销售人员都掌握基本的商务礼仪技巧，提高公司销售人员的整体形象。

（4）销售技巧

人力资源部可以开展《销售技巧》培训，从理论、实践等维度，快速提升销售人员的销售技巧。开展课程可以在短期内让他们有一个快速的提升。

二、由公司领导牵头，设定每位员工的销售目标

既然是全员销售，那员工就要有销售目标。销售目标的设定，可以和全职的销售人员有所区别，就像格力公司，设定"全员营销"的内容，即公司的每位员工一年的销售目标是一万元。企业在设定目标的过程中，要考虑公司产品的单价、销售难易程度等。

三、制定相关的管理制度

制定制度，是为了让员工知道为什么做，做什么，如何做，什么不能做等。

相关制度应该包括以下内容：

（1）全员销售的对象。是全体员工，还是一些员工除外，这个要界定清楚。

（2）销售的方式。员工是通过什么渠道销售，是否需要占用工作时间，是否与本职工作冲突等。

（3）销售的范围。员工可以在哪些地区进行销售，如何保护员工事先已经获得的客户不被打扰等。

（4）销售的产品。兼职销售的员工可以卖哪些产品。

（5）销售的纪律规定。公司对兼职销售员的要求，销售员有哪些可以做，哪些不可以做。

四、做好销售的激励保障

既然有了销售，那就要制定销售提成制度，员工如果完成了销售目标，有什么奖励；如果没有完成，有什么惩罚等，这些都要有相关的制度来界定清楚。

五、做好公平竞争的保障

因为全员销售，肯定会涉及内部的竞争问题。比如A员工找到B客户，结果B客户是C销售员已经跟了很久的客户，这时候，该如何保护C销售员的利益呢？如果不保护，恐怕会引起内部员工的斗争，最终导致企业和员工双输。所以，企业最好可以用科技手段，如在系统里录入已有的客户信息，员工新开发客户，可以在系统里查询，如已经有人跟，那就不能再去打扰客户，以免给客户留下不好的印象。

一般来说，以下几种类型的企业，推行全员销售会更容易成功。

第一，生活食用品企业

因为生活食用品的消费群体非常广泛，可能每个人都会有这样的需求。比如，大米、月饼等，是所有员工都可以销售的。

第二，价格较高的家电产品企业

像生产空调、冰箱、洗衣机、笔记本电脑等的企业，其实都适合全员销售。

第三，生活服务类企业

比如家政公司，就很适合全员销售。

第四，培训咨询类企业

这种企业也是适合做全员销售的。

第五，消费者刚需类企业

例如，像房子、车子这种几乎是人人都需要的产品，也适合全员销售。

全员销售，成者为王，败者为寇。做得好，会大大促进企业的发展；做得差，恐怕会阻碍企业的发展。所以企业实施全员销售，还要综合考量，再做决策。

异地面试：疫情下如何做好视频面试

以前的招聘面试，大多是在当地招聘和线下面试，但是，由于这次疫情发生在春节，很多求职者回去之后，一时无法回到工作地。因此，企业如果想招聘，就不得不面临异地面试的问题。

但是异地求职者的招聘存在几个问题，严重影响了招聘的效率。主要问题如下：

（1）面试安排比较麻烦。

（2）面试效度低。

（3）双方信任度低。

针对以上问题，要做好异地求职者招聘，需要做好以下几件事：

一、提前做好面试的相关准备工作

既然异地求职者视频面试麻烦，那就要靠提前做好面试的准备工作来解决。由于视频面试是有区别于线下面试的，所以在面试问题上，也需要有区别于线下面试，否则很难识别求职者的真实情况。

二、适当改变面试形式

可以要求求职者做一个简短的演讲，这样更容易对求职者的整体情况有全面的了解。

三、视频面试和线下面试结合

既然视频面试效度低，那最好就和线下面试相结合。

四、做好求职者背景调查

不管是什么岗位，都应该做好背景调查。背景调查除了要求求职者提供离职证明之外，HR同样可以通过打电话进行背景调查，降低企业的用工风险。

五、为求职者跨地面试提供更多便利

求职者跨地面试，会面临很多问题，这让他们望而却步。最现实的问题就是交通费。比如两地距离比较远，可能来回的车费就要一两千元，这对求职者来说是一笔负担，因此，HR可以考虑为成功入职的求职者报销车费。

相信做好以上几点，你可以做好异地求职者的招聘。

特殊考核：HR总监如何应对老板考核运动量的奇葩要求

前段时间，HR刘伟就遇到了问题。刘伟所在公司的员工最近身体比较差，请病假的人非常多。所以，老板要求刘伟出台考核员工运动量的方案。

面对老板这一特殊的考核要求，HR该怎么办？

说服员工执行。

了解了老板的目的之后，接下来就是要看看怎么做才能在企业里把老板的这个要求执行下去。可以按以下步骤去操作：

步骤一：制作考核方案

明白老板的要求后，HR可以着手写方案。方案可以包含以下内容：

（1）目的。写明这次考核运动量的目的。

（2）对象。考核的对象包含哪些人，是全体员工，还是部分员工，这些要跟老板确认好。建议全体员工，这样老板也要参与其中。

（3）原则。原则有三个，第一，不影响工作的原则；第二，领导带头参与原则；第三，有奖有罚原则。

（4）考核组织机构。由老板、高管、部门负责人组成考核委员会，各部门指派考核专员成立考核执行小组。

（5）考核指标设定。考核指标可以设定为"每天步行数"，考核标准可以由简单到复杂，设定为"每天走一万步以上"。

（6）考核周期。一般以每月为周期进行考核。

（7）奖惩方案。既然有考核，那就有奖有罚。不建议将这个考核指标放到公司的绩效考核体系里，而要单独进行考核。比如，每天早上进行步行数的统计，对排名前十的员工进行一定的金钱奖励，而对排名后五位的员工则需要有一点惩罚，但惩罚要相对柔和。

写好了方案之后，这项工作就完成了一大半，接下来就是怎么落实执行了。

步骤二：宣传方案

既然是老板交代的事情，那肯定是要大张旗鼓去做了。HR可以发个方案宣传通知，组织员工培训，这个时候，老板是需要出来讲话的，这样可以让这项活动进行得更加顺利。

步骤三：营造运动氛围

公司如果有条件，可以划定一个运动的区域，购买一些运动的设备或者器材，为员工运动提供便利。

步骤四：定期考核

可以规定以部门为单位，每天早上开晨会的时候，统计昨天的步行数，为保证数据真实性，需要有截图为证。然后以每月为周期进行考核。

步骤五：宣传先进、鞭策后进

对于在这次考核中表现优秀的员工，要大力宣传，HR可以制作海报，对表现优秀的员工进行展示，这样可以让这项活动变得更加正能量和有意义。

步骤六：定期总结

对于活动过程中存在的问题，要定期总结，发现问题及时改正。另外，总结还要有实施了考核之后对工作的效率是否有促进，员工的心态是否有转变等。

步骤七：汇报老板

关于汇报老板，可以采用不定期汇报和定期汇报两种方式。

　　我相信，如果HR能够按照以上的步骤去做的话，不仅能够得到老板、公司其他领导的认可，同时也会得到员工的大力支持。制度是死的，人是活的，HR的工作其实就是琐碎而有意义的，在推行的过程中，因为会占据员工的时间而遭到抵抗，这时，除了要得到领导的支持外，HR更要学会利用各种非正式的沟通方式和员工去沟通，降低推行的阻力。

校园招聘：HR总监如何统筹做好校园招聘工作

对于一家不断发展壮大的企业来说，招聘应届毕业生是一件必须要做的事情。因此，如果你是一家企业的HR总监，必须要了解如何统筹做好校园招聘工作。

一般来说，要成功完成一次校园招聘，需要做好以下事情：

一、校招前的调研

校招之前，需要做好以下准备工作：

（1）校招需求调查与分析

明确各部门校园招聘需求及招聘岗位的要求等，工作流程如下：

征求各部门校园招聘需求意见，例如，研发部需要招聘多少人，岗位要求是什么，希望招聘哪些院校的。

汇总各部门招聘需求，根据业务情况，确定初步招聘需求。

（2）院校分析

了解校招需求的目标院校情况，例如有哪些院校有企业需求的生源。了解学校宣讲会和综合招聘会的安排情况。

（3）需求审批，校招准备工作启动

向公司领导汇报校招需求、校招薪酬、目标院校等情况，待领导审批后，召开校招启动会议，商讨目标院校和校招准备工作分工。

二、确定笔试、面试等题库

笔试、面试等题库是校招要提前准备的资料。

（1）确定笔试题

确定所招聘岗位相关的笔试题。

（2）面试题

确定招聘岗位的结构化面试题，无领导小组讨论、案例分析面试题等。

（3）性格测试题

如果有些岗位需要提前做性格测试的，例如营销岗位，则需要提前准备测试题。

以上试题，如果公司没有线上考试系统，那就需要提前打印出来。

三、校招方案审批

校招方案，是对整个校园招聘的实施过程的确定。包含以下内容：

（1）确定校招项目组成员及路线安排

校招作为一个大的项目，需要提前确定好校招成员，例如面试官等。

总指挥：一般是老板。

组长：一般是HR总监。

组织负责人：一般是负责招聘的负责人。

工作人员：一般是人力资源部招聘人员。

表3-15 面试官安排表

部门	职位类别	计划招聘人数	面试官	录用决策
销售部	技术支持类	30	章区	分管领导、HR总监
	技术员类	10	王一林	分管领导、HR总监
研发部	研发类	5	吴天伍	分管领导、HR总监

（2）确定校招预算

以保证校招工作质量、引进优秀毕业生为前提，依据行程路线、宣讲区域，以及校招旺季消费水平，2020届校园招聘费用预算如下：

表3-15　校园招聘预算表

项目大类	跨市/跨省交通费	行程天数（天）	人数（人）	标准（元）	小计（元）	合计（元）
交通等	高铁/飞机费	/	6	3500	21000	85800
	市内交通费	16	6	100	9600	
	住宿费	16	6	350	33600	
	伙食补贴	16	6	100	9600	
	其他的（场地费等）	/	6	2000	12000	
宣传费用	海报、折页等	/	/	/	/	/
其他项	校园大使	1	6	500	3000	17800
	签约聚餐	/	/	8000	8000	
	通讯补助	/	6	300	1800	
	应急款	/	/	/	5000	
合计						103600

说明：实际开支报销以实报实销为准，多退少补。

（3）应届生薪酬确定

根据往年的校招薪酬情况，结合竞争对手的校招薪酬，制定合理而且具有竞争力的薪酬。

表3-17　校招岗位薪酬表

职位划分	本科	硕士	备注1
研发类	5000~6000元	6500~7000元	
其他类职位	4500~5000元	5500~6000元	

（4）目标院校与宣讲时间

校招目标院校、地区、生源的确定，主要有以下几个原则：

第一，学校等级基本要求。211重点院校本科及以上学历，宜理工科专业。一般这个要根据你所在公司的情况，因地制宜。

第二，参考历年学生在公司的个人表现与工作绩效情况来确定目标院校。

第三，技术型员工可以招聘高职学生，研发类以985或者211院校为主。

第四，确定目标院校和招聘人数。如下表：

表3-18　校招宣讲行程表

城市	目标学校	计划招聘人数	宣讲日期	宣讲地点	笔试地点	面试地点
广州	广东外语外贸大学	10	10月上旬	确定	确定	确定
	华南理工大学	15	10月上旬	确定	确定	确定
哈尔滨	哈尔滨工业大学	10	10月中旬	确定	确定	确定

续表

城市	目标学校	计划招聘人数	宣讲日期	宣讲地点	笔试地点	面试地点
西安	西安外国语大学	10	10月中旬	确定	确定	确定
	西北工业大学	10	10月中旬	确定	确定	确定
成都	电子科技大学	10	10月中旬	确定	确定	确定

（5）应届生的招聘要求

一般来说，应届毕业生的招聘要求如下：

第一，岗位要求。2020应届毕业生，学习能力强，熟练操作办公软件，良好的语言表达及沟通能力，具备吃苦耐劳的团队协作精神，性格开朗，环境适应能力强等。

第二，专业、经历是否对口。例如研发岗位要求计算机、自动化等专业。在校期间有校园社团管理经验或校外实习经验者可优先考虑。

第三，是否有挂科。

第四，是否有与岗位相关的特别才能。

四、校招前宣传

在校园招聘开始之前，需要通过各种渠道进行宣传，以让更多的应届毕业生能够了解企业的校招行程，以便能够吸引更多的应届毕业生应聘。

（1）与院校确认内部宣传发布、宣讲教室、面试教室等场地，例如：宣传资料分发、横幅海报张贴等。

（2）线上宣传（高校网站、论坛、微博、微信等）。

（3）公司网站、人才招聘网站刊登广告。

（4）与高校老师沟通、拜访。

五、校招出发前的准备

校招出发前，需要做好以下准备，才能使校园招聘圆满成功：

（1）制作宣传资料

准备校招宣传口号、宣讲PPT、招聘简章、横幅、海报、折页等材料。

（2）准备校招操作手册

按照校园招聘的要求，制作详细的操作手册。

（3）做好演练

做好校园宣讲演练和招聘面试演练。

（4）做好机票、酒店等预定

根据宣讲会的形成安排，做好机票、酒店等预定。

（5）校招所需物资的准备

例如纸、笔、宣讲页、笔记本电脑等。

六、校园招聘实施

一场完整的校园招聘面试流程如下：

宣讲 ▶ 筛选简历 ▶ 笔试 ▶ 群面 ▶ 终面 ▶ 确认录用

图3-9　校园招聘面试流程

（1）企业在经过前期的充分准备后，根据提前跟学校确定的宣讲的地点和时间，按时进行宣讲，向学生介绍公司状况，介绍招聘岗位、要求、薪酬等，吸引学生投简历。

（2）宣讲结束之后，给学生一定的时间，当场投递简历，然后面试官当场筛选简历，并当场宣布进入笔试环节的学生。

（3）在选定的笔试地点，安排学生进行笔试。批改试卷之后，用短信和电话通知进入群面面试的学生。

（4）在选定的地点，组织进入群面的学生进行面试，面试结束之后，当场宣布进入终面的学生名单。

（5）终面是最后一轮面试，一般是一对一或者多对一面试，是由面试决策人进行面试，最终确定录用的学生。

（6）大家根据面试的情况，讨论决定录用的名单，并通知被录用的人员，签订录用协议。

七、后期跟进

所有的院校招聘结束之后，进入后续跟进环节。后续跟进环节包含以下内容：

（1）对整个校招组织、实施及录用情况等内容进行简要总结。

（2）根据入职及调户要求，通知录用人员准备相关资料，并收集整理。

（3）建立QQ群或者微信群，保持联系，做好学生的沟通工作，对学生的疑问及时解答。

（4）毕业报到。跟学生做好毕业报到的工作，解决学生的疑难问题，为学生报到做好准备。

做好以上七项工作，那你就可以比较顺利地举办一场校园招聘活动了！

专场招聘：HR总监如何设计专场招聘方案

在公司高速发展的阶段，就急需符合公司发展的中高端人才的加盟。所以如何吸引中高端人才，并促使他们加盟公司，成了公司现今发展的一项重要的任务。

但是，中高端人才的招聘，通过一般的网络招聘渠道，效果会比较差。那什么样的招聘渠道能帮助公司更好地做好中高端人才的招聘呢？

大家可以试试专场招聘会。专场招聘会，指的是由某一公司联合非竞争对手公司，一起在固定的地点（如公司周边工业园）针对特定群体进行的招聘会。

专场招聘会具有大型、应聘者精准、简历量较多等特点。

接下来，我以某高新技术企业为例，看看如何设计专场招聘方案。专场招聘方案，需要包括以下几个模块：

（1）确定招聘对象

公司中高端人才。

（2）确定项目团队

项目经理：公司招聘负责人。

项目成员：招聘专员、各部门负责人。

（3）项目团队职责

①负责本项目的方案制定与实施。

②负责人才招募后的重点保留工作。

③负责面试。

（4）确定招聘会目标

①到场面试人数不低于150人。

②宣传企业品牌。

（5）确定招聘会时间地点

时间：2020年7月9日早上10点至下午4点

地点：公司工业园1层

（6）确定宣传主题

加入××公司，You will be a star！

为了能够使专场招聘会顺利进行，需做好招聘会前期工作安排，具体工作安排如下：

一、前期总体工作安排

表3-19 专场招聘总体工作安排

工作事项	完成时间	负责部门	负责人	需完成工作
招聘资料准备	6月23日	人力资源部	HRBP（具体名字）	面试登记表、面试需求表、各岗位职责等
前期宣传工作	6月18日-7月8日	人力资源部	HRBP（具体名字）	公司网站、微博、公众号、地铁公交广告、报纸广告、各工业区发传单等

续表

工作事项	完成时间	负责部门	负责人	需完成工作
宣传资料设计	6月25日	人力资源部	HRBP（具体名字）	折页、横幅、易拉宝、展板、区域标识牌
行政服务工作	7月4日	行政部	行政专员（具体名字）	办公用品（笔、纸、文件夹、回形针、订书机、固体胶）、水、杯准备；车辆安排
宣传布置物料的搬运	7月8日	行政部		招聘会前一天早上将招聘物料搬到招聘会场地
场地布置	7月8日	人力资源部	BRBP（具体名字）	按照场地布置图完成场地布置
预约媒体宣传	7月5日	人力资源部	BRBP（具体名字）	与各媒体联系，邀约招聘会当天进行活动报道，以达到品牌宣传目的

二、前期宣传工作安排

要达成我们的目标，前期的宣传工作成为本次专场招聘会的重中之重。为了能够达到更大的宣传目的，本次招聘会前期宣传工作具体安排如下：

表3-23 前期宣传工作安排

宣传渠道	媒体	要求	负责部门	负责人
公司平台	公司网站	招聘会前发布招聘会信息 招聘会后编辑招聘新闻并发布	人力资源部	BRBP（具体名字）
	公司公众号、微博等	招聘会前每天发布一条关于招聘会的信息，为防止客户反感，可以每天发布不同的内容	人力资源部	BRBP（具体名字）
	公司员工朋友圈转发	招聘会开始前，要求每天转发数必须达到50次，转发人员转发后截图发给HRBP，可以获得相应的PPT学习资料奖励	人力资源部	BRBP（具体名字）
招聘网站	各大网招聘网站	6月27日发布为期两周的宣传广告	人力资源部	BRBP（具体名字）
广告	各家报纸	招聘会前（6月27日）发布招聘会消息广告 招聘会后（7月11日）发布招聘会新闻	人力资源部	BRBP（具体名字）

续表

宣传渠道	媒体	要求	负责部门	负责人
论坛	求职板块	招聘会前每隔两天发布一条关于招聘会的信息	人力资源部	BRBP（具体名字）
电话	电话邀约	每天花一定的时间邀约符合条件的应聘者过来参加招聘会	人力资源部	BRBP（具体名字）
短信	短信群发	预计发送短信2000条	人力资源部	BRBP（具体名字）
宣传单	发放招聘折页	招聘会前一周，每天中午和傍晚到各高新技术园周围发宣传单（共2000份）	人力资源部	BRBP（具体名字）

为了保证当天的招聘会工作顺利进行，活动圆满成功，须做好以下事项：

表3-21　招聘会当天工作安排

工作事项	完成时间	负责部门	负责人	备注
活动当天总负责人	7月9日	人力资源部	HR总监	协调现场招聘
宣传折页发放区招聘折页发放	7月9日	人力资源部	HRBP（具体名字）	在门口发放折页，并指引求职者前往填写区域填写资料

续表

工作事项	完成时间	负责部门	负责人	备注
资料填写区发求职登记表	7月9日	人力资源部	HRBP（具体名字）	在资料填写区发求职登记表，指导填写登记表和粘贴相片，求职资料整理
引导区引导工作	7月9日	人力资源部	HRBP（具体名字）	填写完资料后，引导求职者前往公司面试或前往园区面试区面试
面试区面试工作	7月9日	人力资源部	HRBP（具体名字）	分公司面试区、园区面试区。面试、收集简历、登记信息
活动当天摄影、拍照	7月9日	人力资源部	HRBP（具体名字）	现场拍照、存档
招聘会后的场地整理	7月9日	人力资源部	HRBP（具体名字）	所有参与活动人员协助

三、现场执行工作

（1）现场布置

①招聘会场分为各区域，每个区域设置标识牌。（区域为：资料填写区、各公司面试区、复试面试区、品牌宣传区）

②摆放易拉宝。在公司的面试区摆放公司的简介、招聘岗位列表和职责的易拉宝。

③宣传资料发放。在入口摆放各公司介绍展览架，发放招聘宣传折页。

（2）现场面试工作

①接待。此次招聘会安排2名HRBP负责现场接待，负责人员负责应聘人员安置、资料填写、公司宣传材料收发等。

②简历筛选及首次面谈。简历筛选及首次面谈安排6人分3组，以初步确定应聘者是否符合相关岗位职责，并安排复试。

③初试通过后，现场工作人员引导应聘者到复试面试区进行复试。复试面试官由人事总监和各事业部领导担任，考察应聘者是否符合公司岗位要求。

四、确定费用预算

表3-22　招聘会预算表

专场招聘会费用预估			
项目	投放时间	数量	预计费用（单位：元）
招聘网站置顶广告	6月27日-7月8日	2周	1000
报纸宣传	7月4日-7月8日	1周	2000
短信群发	6月27日-7月8日	2000条（70字以内，超过需另加费）	200

续表

专场招聘会费用预估			
项目	投放时间	数量	预计费用（单位：元）
物料费用	办公用品（笔、纸、文件夹、回形针、订书机、固体胶）、水、杯、折页、横幅、易拉宝、展板、区域标识牌等		3000
其他费用	如车辆费用		5000
合计			11200

五、预期效果

（1）招聘网站置顶广告，预期可以两周收到60份有效简历。

（2）报纸广告预计可以收到20份有效简历。

（3）电话通知和短信群发，预计可以收到80份有效简历。

（4）公司平台、员工朋友圈转发、论坛等渠道，预计可以收到30份简历。

（5）招聘会效果：按照20%的爽约率，预计会有150人前来面试，通过面试会，预计能够为公司招聘40～50名中高端人才。

通过多渠道宣传，肯定能达到品牌宣传的效果。

六、其他事项

（1）为方便求职者过来招聘会现场，招聘会当天，由公司派车分别在科技园设点接送，时间为：早上8:40一趟；下午13:20一趟。

（2）各位同事务必按照工作计划时间完成相关工作。

（3）在过程中，如有问题请及时反映，项目期间，实行一天小会、三天大会的制度，主要汇报相关工作进度和讨论存在的问题。共同的目标就是把这次活动做好，达到预期的效果。

以上是一个完整的专场招聘会方案的设计，大家可以根据自身企业的实际情况进行适当的修改，就可以设计出可执行的专场招聘会方案了。

绩效：HR总监如何从零开始建立企业的绩效管理体系

　　如果你是一家还没有建立绩效管理体系的公司的HR，有一天，你的老板也许会找你：公司没有绩效管理，你想想看应该如何建立起公司的绩效管理体系？

　　既然是老板的要求，那你就具备了推行绩效管理要得到领导支持的条件。推行绩效管理体系，没有领导的强力支持是不可能的。接下来，就是建立相关制度、流程、表单，和各个部门进行宣导、沟通、落实的事情了。

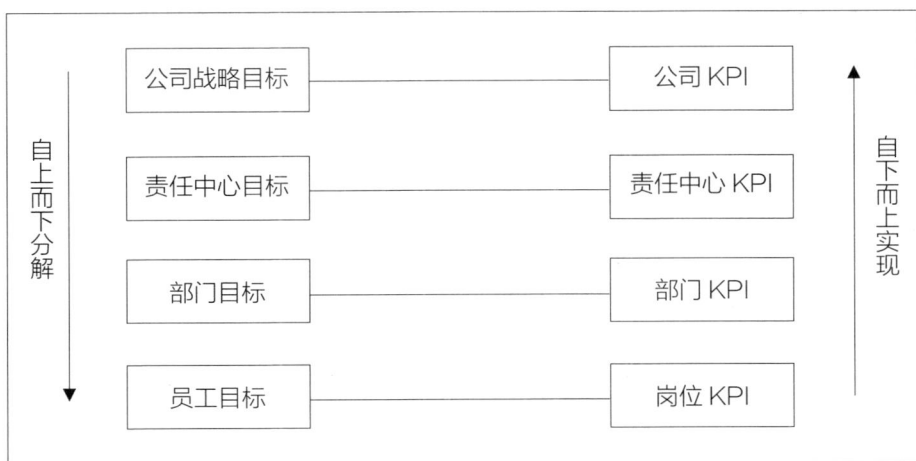

图3-10　公司目标、个人目标的关系

　　今天探讨的是基于企业战略目标的绩效管理，它是战略目标实施、落地的工具，它可以把公司战略目标与部门、员工个人的日常工作联系起来。绩效管理是企业战略管理的有效方法。通过对战略目标自上而下地层层分解，把公司的战略目标落实到每个中心、每个部门、每个员工的头上，这样，如果每个员工的绩效目标实现了，那部门的目标就实现了，部门的目标实现了，那中心的目标就实现了，中心的目标实现了，那公司的战略目标就实现了。当然，这是最理想的状态。但是，绩效管理的作用正在于此，即使它们不是百分之百的正关系，但绩效管理确实是比较好的战略管理工具。

接下来，你要了解绩效管理体系包含什么内容。绩效管理的第一要求就是不断提升公司的员工绩效。完整的绩效管理体系由目标与计划、教练与辅导、考核与检查、回报与激励四个部分构成，并形成一个闭环过程。

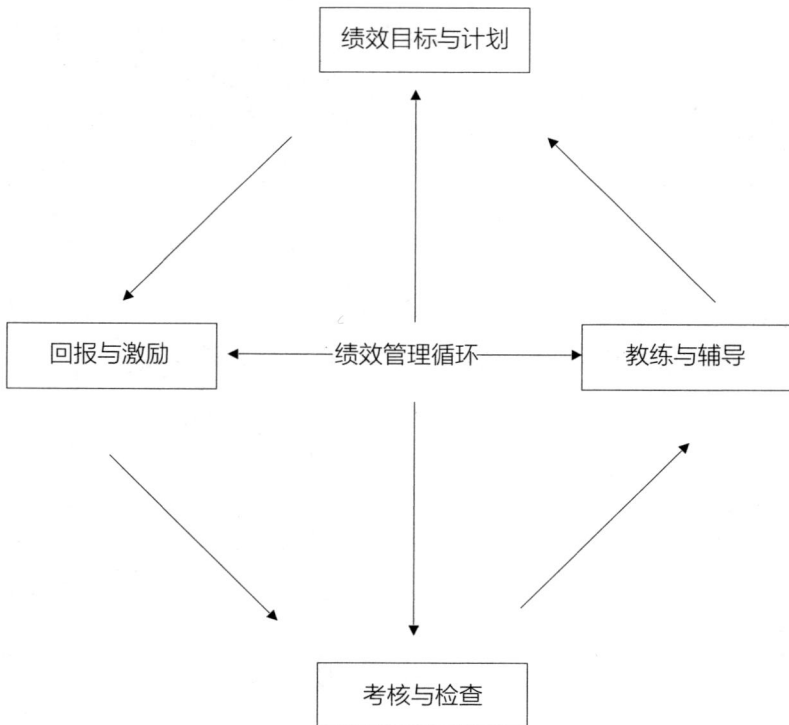

图3-11 绩效管理循环

从公司层面来讲，通过这个循环来引导员工实现公司绩效目标和提升公司绩效水平。

从个人层面来讲，表现为不断提升的绩效改进循环，通过员工和主管共同参与，通过这个循环实现员工技能素质等的不断提高和绩效的不断提升。

要做好绩效管理，就必须了解每个部门、每个人的角色定位和职责是什么，有些公司绩效管理所有工作都是人力资源部门来做，这是不对的。必须做好分工，才能有效建立绩效管理体系。企业人员在绩效管理中的角色定位如下：

董事会、董事长、总经理：制定企业使命、远景、战略目标。

人力资源部：根据企业战略目标制定公司的绩效考核方案、协助部门设计绩效指标、设计考核量表、组织绩效考核、发布绩效考核结果、做好绩效考核结果的运用、跟踪绩效差员工绩效改进计划等。

分管领导、部门负责人：传达企业战略、进行部门目标分解、任务分工、工作检查督导、收集绩效数据、给本部门人员打分、考核、面谈、工作指导。

员工：明确企业战略、明确自己岗位目标、明确自己工作任务和标准要求。

了解以上绩效管理体系建立的基础知识后，接下来，我们探讨一下绩效管理体系建立的程序，包含八大步骤：

步骤一：编写绩效管理制度和绩效考核实施细则

HR需要编写一个制度和一个细则，制度是《公司绩效管理制度》，细则是《公司绩效考核实施细则》。为什么要分开呢？公司绩效考核实施细则的内容不可以包含在绩效管理制度里面吗？其实是可以的，但最好分开，因为这样一方面重点突出，另一方面方便后期的宣导。绩效考核是绩效管理的重中之重。

那绩效管理制度和绩效考核实施细则的内容有什么区别呢？我们来简单了解一下。

一、绩效管理制度的内容包括

（1）绩效管理实施目的

比如战略达成目的、管理优化目的、人才开发目的等。

（2）绩效管理实施原则

比如鼓励先进、鞭策后进原则；结果导向，综合评估原则；公开、公平、公正原则等。

（3）组织结构

组织结构是为了保证绩效管理的顺利实施。需要有以下几个内容：

第一，绩效管理委员会。绩效管理委员会具体成员主要是总经理、常务副总经理、副总经理、总经理助理、各部门负责人等。可以根据公司实际情况而定。绩效管理委员会主要负责公司绩效管理制度及其流程规范的审定；对绩效管理过程进行监督；对绩效管理过程中出现的争议问题做出裁决；对各子（分）公司、部门绩效考核结果做出最终评定；对绩效管理体系的效果进行评估。

第二，绩效管理委员会下设绩效考核小组。绩效考核小组常设人力资源部，具体成员主要包括负责绩效的HR、各个部门兼职绩效专员。设立绩效考核小组，主要是为了组织实施绩效管理工作；汇总各月度、季度和年度绩效考评成绩并计算绩效工资；跟进、辅导各部门绩效管理工作的开展情况；总结绩效管理过程中出现的偏差问题并提交公司绩效管理委员会讨论解决；处理绩效管理过程中出现的一般争议问题。

各部门兼职绩效专员主要负责本部门的绩效管理工作。

部门主管是绩效评价的直接责任人。主管需对所负责管理的人员进行评价，认真做好绩效目标制定、绩效辅导、绩效评价和结果反馈等各个环节的工作，以推动部门绩效提升、营造高绩效的管理氛围。

（4）绩效目标管理

此模块的内容主要是指导如何设立绩效目标。

部门负责人以上人员的绩效目标管理：

第一，目标设定。各分管领导、各子公司根据公司本年度经营发展战略目标，制定各部门的KPI目标及年度关键任务指标来制定年度绩效目标承诺，一般包含财务指标、运营指标、监控指标等方面的内容。每年6月份，绩效管理委员会可根据经营环境变化情况，适度调整年度绩效目标承诺内容。

第二，目标跟踪与考核。部门负责人以上人员的绩效一般为季度考核。绩效目标设定后，各分管领导、各子公司总经理、部门负责人参加每月由总经理召开的月例会，汇报每月工作完成情况和绩效任务进展情况，确定下一工作周期的重点工作。

部门经理、主管、职员等的绩效目标管理：

第一，目标设定。部门经理、主管、职员绩效目标以月度工作计划与总结的方式进行管理。月工作计划需列出月KPI分解的目标与当月重点工作计划，团队管理计划（针对管理者），个人学习与能力提升计划。为方便管理，当月绩效总结与下月绩效目标在一个表单上呈现。

第二，月度目标考核。员工一般实施月度考核。由部门负责人牵头，按相应的绩效考核周期完成绩效考核。具体办法见《绩效考核细则》。

（5）绩效目标制定的时间要求

第一，年度绩效目标承诺在公司年度战略会确定后，统一组织签署。

第二，季度工作总结与计划，要求于次季度第1个工作日前提交。

第三，月度工作总结与计划，要求员工于次月第1个工作日提交。

（6）绩效沟通

（7）其他内容

二、绩效考核实施细则的内容包括

·考核的目的

·考核的对象

· 考核的周期

· 考核的依据：《绩效目标承诺》作为考核依据

· 绩效考核时间要求

· 考核的流程

· 评价方法

· 加分事项

· 绩效结果等级定义

· 绩效等级强制比例分布要求

· 绩效考核结果的计算和运用

· 绩效差员工相关处理要求

· 绩效结果申诉

以上是绩效考核实施细则的内容，你会发现，制度和细则的内容是相互独立又相互区别的，它们的内容加起来，才构成了绩效管理体系的所有内容。有了这些制度细则后，你才可以做接下来的工作。

步骤二：绩效考核制度和绩效考核实施细则的宣导

制度和细则报领导确定后，你需要组织部门负责人以上人员进行宣导。可以做一个PPT，告诉他们公司为什么要做绩效管理、绩效管理是什么、如何做绩效目标的制定、如何做绩效辅导、如何做绩效考核、如何做绩效面谈、绩效考核结果的运用等。

步骤三：设计评价体系

到了这一步，就是要制定绩效责任书了。主要是确定绩效考核的目标，达成承诺。绩效责任书主要是针对经理级别以上人员。

根据公司战略目标，明确在一定时间内应实现的具体目标，上级与下属建立一个绩效合约。所以，建立绩效管理体系的基础是公司的战略目标要清晰，公司如果没有战略目标，是做不好绩效管理的。大家制定考核目标一定要有层次和节奏，你要先有公司的经营目标，再根据经营目标，组织制定部门的目标。

HR在接到建立绩效管理体系的任务后，要跟老板沟通公司战略目标的事情。公司战略目标有长期的战略目标，有短期的战略目标，有了战略目标，就可以制定公司下一年的经营目标，比如，财务目标、销售目标、人才发展目标、研发目标、生产目标等。有了这些目标，你才能开始进行下一步工作。

如何制定考核项目和考核目标，我在这里就不一一说了，其他章节有详细的介绍。

制定了部门负责人的绩效考核目标后，你还需要组织一次全体员工的绩效管理宣导会，让全体员工都知道绩效管理是什么、他们要做什么等。开了这次会之后，再与部门负责人、部门兼职绩效专员沟通，制定员工的绩效目标承诺书。

表3-23　绩效责任书

绩效责任书			
甲方：＿＿＿＿＿＿　乙方：＿＿＿＿＿＿			
单位：＿＿＿＿＿＿　部门：＿＿＿＿＿＿			
签约时间：　年　月　日　签约时间：　年　月　日			
二〇二〇年绩效合约书			
序号	考核项目	考核目标和标准	标准分
一	财务指标		80
1	经营增长状况　净利润	净利润与去年持平（政府补贴另计）	80
二	运营指标		15

续表

1	渠道销售	搭建渠道销售团队	2020年形成核心企业客户50家、重要企业客户200家	5	10
2		创新业务		5	
3	资产管理				5
4					
5	市场				
三	监控指标				5
1	应收账款	应收账款逾期比例	小于1%		5
四	附加项	加分考核项目			10
		扣分考核项目			10

表3-24　员工绩效目标承诺与验收表模板

员工绩效目标承诺与验收表									
工号		姓名		部门		考核周期		2020年3月	
指标类型	负责人与员工沟通确定			员工填写		上级填写	员工填写	直接上级填写	间接上级填写	说明
	考核目标	完成时间	权重	目标完成情况	未完成原因	验收说明	自评	初评	终评	

续表

专项 工作		10%					
		10%					
例行 工作		20%					
		20%					
		10%					
		10%					
		10%					
其他 工作		5%					
		5%					
合计		100%	合计				

总计				
绩效考核目标确认（以下月 初确认填写）		考核结果确认（以下考核结束填写）		
员工确认/ 日期	部门负责人审 核/日期	考核总分		考核等级
		直接上 级签字/ 日期	员工签 字/日 期	面谈记录/日期

　　员工的绩效承诺书一般是每月初制定，员工和部门负责人签字后，由绩效
考核专员保管。

步骤四：绩效辅导

绩效辅导是指管理者与员工讨论有关工作进展情况、潜在的障碍和问题、解决问题的办法措施、员工取得的成绩以及存在的问题、管理者如何帮助员工等信息的过程。

绩效辅导有两种方法：

第一种，制订行动计划表。

比如，如下表，以销售部为例，制定销售部的绩效责任书行动计划表。

表3-25　销售部行动计划表

工作目标	第一季度（1~3月份）	第二季度（4~6月份）	第三季度（7~9月份）	第四季度（10~12月份）
销售目标≥2亿元	销售收入≥4000万元；稳定维护好客户；拓展海外市场	销售收入≥8000万元；稳定维护好客户；拓展海外市场	销售收入≥1.4亿元；稳定维护好客户；拓展海外市场	销售收入≥2亿元；稳定维护好客户；拓展海外市场
应收账款周转率≥200%	按款到发货的方式谈判；每月前4个工作日核对账目，及时催收货款	按款到发货的方式谈判；每月前4个工作日核对账目，及时催收货款	按款到发货的方式谈判；每月前4个工作日核对账目，及时催收货款	按款到发货的方式谈判；每月前4个工作日核对账目，及时催收货款

行动计划表主要是制订详细的行动计划，以让绩效目标能够成为现实。

第二种，通过不定期沟通。

沟通是最好的辅导方法，对员工在实际的绩效实现过程中的进度、存在的问题进行及时了解，以便更好地促进员工绩效计划的达成。

步骤五：绩效考核

绩效考核是绩效管理的最重要的环节之一。根据之前发布的绩效考核实施细则，由人力资源部门发布绩效考核通知，发布考核截止时间、考核流程等，以顺利进行绩效考核。考核一般根据"对谁负责，就由谁负责考核"的原则，采取二级评分制。

表3-26　考核与被考核关系

被考核者	初评	终评	备注
总经理	绩效管理委员会	董事会	
常务副总经理、副总经理、总经理助理	绩效管理委员会	总经理	可通过季度、半年度、年度述职形式进行评价
各子公司总经理、部门负责人	分管领导	总经理	可通过季度、半年度、年度述职形式进行评价
子公司副总，总监、各部门经理、主管	子公司总经理/部门负责人	分管领导	
职员	部门经理、主管	部门负责人/子公司总经理	

步骤六：对绩效考核结果进行强制比例分布，得出考核等级，公布考核结果

在考核周期内，每个部门的绩效考核结果出来后，需要各部门对绩效考核结果进行强制比例的划分，强制比例划分可以根据下表规定来进行。

表3-27 绩效考核结果强制比例划分规则

员工绩效等级 （主管）绩效等级	A	B	C & D（区间）
A	20%	70%~80%	0%~10%
B	10%	70%~80%	10%~20%
C	5%	60%~65%	30%~35%
D			

员工绩效考核结果需要各部门领导签字确认。

步骤七：绩效面谈

绩效结果出来后，管理者需要进行绩效面谈。

表3-28 绩效面谈关系表

面谈对象	面谈者	面谈时间	面谈内容
常务副总经理、副总经理、总经理助理	总经理	季度考核结束当月	内容包括肯定成绩、指出不足、改进措施、共同制订下一步目标、计划等
各子公司总经理、部门负责人	分管领导	季度考核结束当月	
子公司副总（如不是部门负责人）、总监、各部门经理、主管	子公司总经理/部门负责人	次月5日前	
职员	部门经理、主管	次月5日前	

在前面的章节中，我已经针对如何做绩效面谈做了详细的介绍，在这里就不展开了。

> 步骤八：绩效考核结果的运用

一、与工资挂钩

月度绩效工资=绩效工资基数×绩效工资系数，月度绩效工资系数对照下表取值。

（1）对于绩效评价周期是月度的，取当月绩效结果。

（2）对于绩效评价周期是季度的，本季度各月绩效工资取上个季度绩效结果。

表3-29　绩效考核系数

绩效结果	A	B	C	D
绩效考核系数	1.2	1.0	0.8	0.5

二、年度绩效结果与奖金、晋升、工资调整、异动、评优挂钩

表3-30　绩效考核结果其他运用

绩效结果	A	B	C	D
双薪、年终奖中的个人绩效系数	1.2	1.0	0.8	0.5
岗位晋升	进入成长快车道	有机会	没有机会或考虑降职	没有机会或降职
工资调整	工资上浮15%	有机会上浮8%	不涨薪或降薪	不涨薪或降薪

续表

绩效结果	A	B	C	D
岗位调动	可以		除非岗位调动有利于绩效改进，否则不可以	不可以
各类评优	有机会			没有机会

三、与培训挂钩

绩效管理的最终目的，是实现公司的战略目标，而战略目标的实现，要靠员工。因此，绩效管理还有一个重要目的，是提升员工的胜任力。在考核的过程中，发现员工的不足，及时跟进，如果发现员工是因为岗位技能不足而导致绩效差的，可以制订相关培训计划进行提升。

四、绩效差员工的处理

表3-31　绩效差员工处理措施

情况	相关管理措施
符合下列条件之一： 1. 年度绩效评价结果为C 2. 半年度评价结果为D 3. 季度评价两个评价周期绩效等级为C或一个评价周期为D 4. 月度评价连续3个月绩效等级为C 5. 销售业务岗位连续3个月业绩为零，或绝对业绩离目标差距较大	启动PIP（绩效改进计划）

续表

情况	相关管理措施
符合下列条件之一： 1. 经过PIP程序后，结果仍为"未达成绩效改进目标"的员工 2. 年度绩效评价结果为D 3. 季度评价两个评价周期绩效等级为D 4. 月度评价连续3个月绩效等级为C或D、且出现D 5. 销售业务岗位连续3个月以上业绩为零或离业绩目标差距巨大	启动不胜任清理程序（方式包含调岗、降职降薪或解除劳动合同）
管理者连续两个评价周期为C或D	降职降薪或不胜任清理

做完了以上八个步骤的事情，公司的绩效管理体系算是基本建立起来了。在实施过程中会有很多难题，最重要的是要不断沟通和总结，才能促进绩效管理体系更好地落地。

绩效奖金：HR总监如何制定激励性奖金分配方案

在实际的人力资源工作中，HR经常会遇到奖金如何分配的问题。可是，在分配的过程中，总会遇到很多问题：

场景一：公司的业绩很好，可是员工的工资却很低。于是员工抱怨，我们帮公司赚了这么多钱，公司怎么不分一点奖金给我们呢？

场景二：公司决定分奖金了，可是，通过什么标准来分？给研发部门发多了，其他部门就有意见：没有我们，研发部门寸步难行！所以，凭什么给他们最多奖金，而我们只有一点点？奖金的分配如何兼顾公平性？

场景三：公司的奖金分配没有跟业绩挂钩，导致激励性很差，最终发了钱没有达到激励的效果，老板不满意。

我相信，这样的情景，很多HR都曾经遇到过。

其实，要做好公司的奖金分配，实现奖金的公平分配，让奖金分配变得更加有激励效果，最重要的是，做到绩效考核结果与绩效工资和效益奖金挂钩。主要体现在以下两方面：

（1）公司从当期净利润中提取一部分作为效益奖金。效益奖金与公司效益挂钩，衡量公司业绩和员工贡献的关系。

（2）公司提供额外的年终奖金。年终奖金和年终绩效考核结果挂钩。

接下来，我们从三方面分析，看看如何设计方案，来实现奖金的合理分配。

效益奖金分配方案

一、效益奖金提取条件和分配依据

（1）提取条件

效益奖金提取条件是公司当期销售收入、回款和利润三项指标均达标90%以上。若考核指标达标，公司发放效益奖金总额15万元。若其中一项指标不达标，则不发放效益奖金。

考核指标标准如下：

表3-32　效益奖金考核标准

考核指标	考核标准
销售收入	2020年完成销售收入2亿元（每月完成销售收入≥1667万元）
回款	2020年收回2019年到期回款的80%（每月收回2019年到期回款6.7%） 收回2020年到期回款70%（每月收回2020年到期回款5.8%）
利润	2020年完成利润2000万元（每月利润≥167万元）

根据公司的实际发展情况，经公司绩效管理委员会领导同意，可对当月考核指标的标准进行下调或上浮，但总额不得下降，且须符合公司"时间过半，任务过半"的要求。

（2）分配依据

部门分配依据主要根据公司对各部门绩效考核的结果。

员工分配依据主要根据部门对各员工绩效考核的结果。

二、月度/季度效益奖金分配方法

（1）各部门效益奖金总额的计算

公司按季度绩效考核周期进行绩效考核，按绩效考核成绩进行强制分布，分成ABC类部门（ABC类的比例为15%：75%：10%）。

部门奖金总额＝公司奖金总额×部门点数比例

部门点数比例＝部门总点数÷公司总点数

部门总点数＝部门考核系数×部门工资点数

部门工资点数＝部门管理人员工资总额÷司管理人员工资总额×100

部门考核系数如下表：

表3-33　部门考核系数

类别	部门考核系数
A类部门	1.5
B类部门	1
C类部门	81分以上，绩效系数0.8
	71~80分，绩效系数0.7
	61~70分，绩效系数0.6
	60分以下，绩效系数0.5
	不参与考核部门绩效系数为0.5

举例：在某次季度绩效考核中，某部门考核类别是A类部门，则其考核系数1.5，该部门管理人员工资总额是5万元，公司所有管理人员工资总额为80万元，则部门工资点数为$\frac{5}{80} \times 100 = 6.25$，部门总点数为$1.5 \times 6.25 = 9.37$，若公司总点数为120，则部门奖金总额＝$15 \times \frac{9.37}{120} = 1.17$（万元）。

（2）各职级人员效益奖金分配

按照上述规定确定部门的效益奖金后，部门负责人的效益奖金和部门负责人（不含）以下人员的效益奖金总额具体占比见下表：

表3-34 各职级人员效益奖分配比例

职级	占部门效益奖金总额的比例
部门负责人	20%～40%
部门负责人（不含）以下人员	60%～80%

部门负责人在上述比例规定的范围内，可自行分配部门员工的效益奖金，分配明细及方案报绩效管理委员会审核通过之后，由人力资源部门发放效益奖金。

三、年终效益奖金分配办法

（1）年度绩效考核结果的计算

①部门负责人级别（含）以上人员

年度绩效考核结果=年终绩效考核结果×70%+季度绩效考核平均分×30%

②公司其他员工

年度绩效考核结果=年终绩效考核分数×70%+月度绩效考核平均分×30%

（2）部门根据考核结果进行分类

不参与绩效考核的部门，按C类部门发放年终奖金。各类部门根据考核结果进行强制排名分类，具体如下：

表3-35 部门考核强制比例分布

类别	排名
A类部门	前20%
B类部门	30%～90%
C类部门	后10%

（3）员工年终奖金与部门考核结果挂钩

不参与绩效考核的部门，不发放年终奖金。绩效考核分数低于80分或胜任力考核系数（系数=得分/总分）低于0.7的员工，直接纳入C类员工范围。各类员工的占比如下：

表3-36　员工考核强制比例分布

	A 类员工比例	B 类员工比例	C 类员工比例
A类部门	30%	70%	自定
B类部门	20%	70%	10%
C类部门	10%	70%	20%

（4）奖金计算方法

①年度绩效奖金系数：年度考评等级对应的绩效奖金系数。

②绩效奖金计算公式：

年度实际绩效奖金=被考核人当年月平均工资×年度绩效奖金系数。

③当年请事假（除法定带薪节假日和周末双休）≥20个工作日，当年无绩效奖金。

④在发放年终奖金时员工已经跟公司终止劳动关系，将不予发放年终奖金。

附表：

表3-37　年终绩效奖金系数表

等级	等级定义	绩效奖金系数
A类	实际结果显著超出预期计划，取得特别出色的成绩	1.2
B类	实际结果达到预期计划，能按时按质完成公司任务	1
C类	实际结果未能达到预期计划，部分工作完成得不够出色	0.8

⑤补充说明

各部门负责人、公司领导班子不参与员工年终效益奖金的发放，而与公司利润分红挂钩。

培训：HR总监如何搭建企业培训体系

企业不断发展，对员工的能力就会提出更高的要求。在这个过程中，员工的能力需要不断发展，才能跟上企业发展的步伐。一方面，这是对员工个人的要求，要求员工自己需要不断努力学习，不断提升自己的能力；另一方面，作为公司的人才发展管理部门，人力资源部有职责搭建企业的培训体系，为员工提供切实可行的培训，培养能够为企业创造价值的员工。

因此，企业发展壮大之后，HR总监就要学会搭建企业的培训体系。

培训课程体系内容

首先来谈谈培训课程体系。一般来说，培训课程体系包括以下四大方面内容：

一、新员工培训

新员工培训，就是新员工入职后，公司统一安排，对新员工进行公司介绍、产品介绍、制度介绍、薪酬福利介绍、企业文化介绍、IT建设介绍、行政事务介绍、财务事务介绍、职业发展介绍、融入团队训练等的培训。

新员工培训，一般是由各职能部门负责人或者指定老员工进行讲授，意在增强新员工对公司的了解，以让员工快速融入团队。

二、专业培训

专业培训，指的是各职能专业的培训，例如，针对营销体系相关岗位的培训，如销售人员培训；针对研发体系相关岗位的培训，如研发技能提升培训等；技术支持体系相关岗位的培训，如售后工程师的培训；供应链体系的培训，如制造岗位培训。

当然，不同类型的企业，专业培训是不一样的。在建立培训体系的时候，要根据自身企业的实际情况进行适当调整。

三、管理培训

管理培训是公司管理人员的培训。

四、通用技能培训

通用技能培训，是所有人都需要的技能培训，例如演讲口才、办公软件、写作能力、沟通能力等培训。

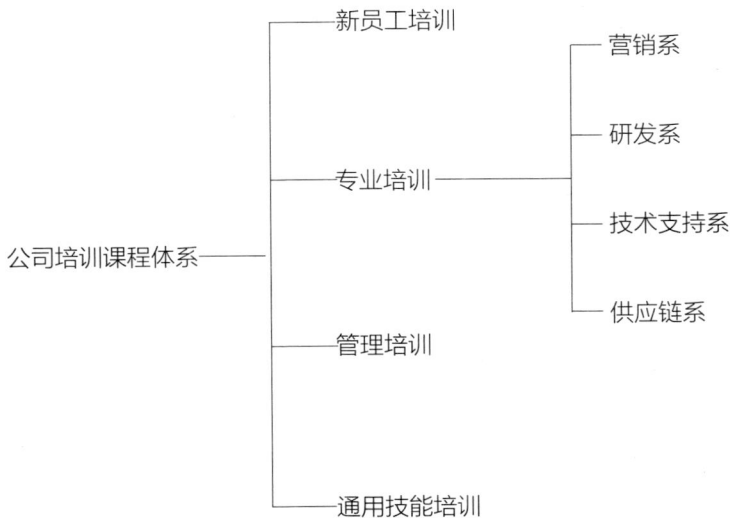

图3-12　公司培训课程体系

培训配套体系建设

在搭建了公司的培训课程体系之后，接下来，要开始着手搭建培训配套体系。培训配套体系的搭建，主要目的是帮助课程体系落地。

培训配套体系包含四大方面内容：

```
                                    ┌──── 员工培训

                                    │
                                    ├──── 专业培训
        公司培训配套体系 ───────────┤
                                    ├──── 管理培训
                                    │
                                    └──── 通用技能培训
```

图3-13　公司培训配套体系

一、流程制度建设

流程制度建设，就是要建立相关制度，保证培训的各项工作顺利实施。包含以下内容：

第一，培训费用

员工接受培训教育的费用审批与支付按下列规定执行：

（1）由公司派送员工参加各类培训教育的，其费用由公司支付。但若学习成绩不合格或参加学习的时间不足四分之三，公司不予报销学习费用。

（2）属个人提出的业余培训，培训项目、时间与培训费用均须在事前由部门经理、分管领导及总经理批准。内容为提高现岗位或拟任职务必备能力需要，事前经批准的可报销培训费用，但须跟公司签订《培训协议》，并约定在司服务期限。

（3）属个人提出并经上述指定领导批准的各类培训，学习费用由个人先交，在学习结束后凭结业证（学历教育凭毕业证或学位证）、成绩单（合格以上）或相关证书由董事长、总经理审批后报销。

（4）属公司派送学习的，如对服务期有特别要求的，可与员工签订《培训协议》。

（5）公司外派培训的，回司后一个月之内需针对全员组织培训分享，全年累计达到3次分享。员工接受培训教育期间其待遇按下列规定执行。

（6）由公司组织或派送员工参加各类培训教育，固定工资和绩效工资照发。

（7）属个人提出，需填写《培训申请表》，经上司审核、人力资源部审核并报总经理审批后方可报名并报销培训费用。

经公司批准的全脱产培训、半脱产培训或学历教育，凡一年累计占用工作时间在3个月以内的岗位工资照发，累计占用工作时间在3个月以上一年以内的只发50%岗位工资，脱产学习时间在一年以上的工资停发，员工的社会保险由单位缴纳部分由公司支付，最长不超过两年。

凡脱产学习时间在3个月以上的，取消当年的年休假待遇，其学习期内按规定所得的工资应在员工学习期满取得结业、毕业证或学位证后，回公司上班的第一个月内补发。

员工参加各种形式的学习后，其结业证、毕业证、学位证的复印件及成绩单须报人力资源部备案，并作为员工内部流动、选拔任用的参考依据。

第二，培训纪律

培训之前，组织培训的部门应提前确定应参训的员工，受训员工在培训期间不得随意请假，如有特殊原因，须经所在部门经理审批，并将相关证明交至人力资源部，否则，以旷工论处。

培训课堂纪律要求：上课时不得吸烟，手机调成振动状态，并填写《培训签到表》。每次培训后均须填写《培训记录表》并交至人力资源部存档。

业余时间参加培训，不算加班。

第三，奖惩措施

培训期间无故迟到、早退累计时间在30～60分钟者，以旷工半天论处；超过1小时，以旷工1天处理；情节严重者，记过1次。

二、师资建设

师资建设是培训体系建设不可或缺的一部分。如何建立起完善的师资体系呢？可以遵循以下步骤进行：

步骤一：确定讲师任职资格

讲师任职资格需要具备以下四点：

（1）工作认真负责，具有敬业精神，配合度高。

（2）在自身工作岗位上有较高的理论知识和实际工作经验。

（3）语言表达能力和逻辑思维能力强。

（4）能够独立设计开发课程，编写讲义、教材等。

步骤二：确认讲师职责

讲师职责有以下四点：

（1）根据公司的培训需求，负责开发设计相关课程。

（2）根据公司培训计划安排，开展相关内训课程的培训工作。

（3）根据学员的反馈意见进行课程的改善提升，提升培训效果。

（4）努力学习，不断完善自我，成为员工的榜样。

步骤三：确定讲师课酬

表3-38　讲师课酬表

讲师级别	课酬（上班时间）	课酬（下班时间）
初级讲师	30元/小时	40元/小时
中级讲师	40元/小时	50元/小时
高级讲师	60元/小时	70元/小时
专家讲师	80元/小时	90元/小时

由于授课占用了讲师大量的时间，因此，公司对授课的讲师，进行一定的补贴。讲师的课酬可以根据不同的级别来定，详见表3-38。

为了控制成本，公司可以对当月的课酬进行总额管控，如规定课程总额不超过2000元等。

步骤四：讲师选拔

确定了以上内容之后，就可以开始进行讲师的选拔了。

（1）发布公告。把讲师的任职资格、职责、享受的福利待遇、报名方式、所需资料等，发通知告知员工，吸引员工报名。

报名的方式可以采用自荐和他人推荐的方式。

（2）接受报名。员工开始报名，报名之后，人力资源部要对报名的员工进行筛选。对于初步符合条件的员工，人力资源部要和他进行一对一沟通，相互了解确认，最终确认名单，并公布入选名单。对于未入选的员工表示感谢。

（3）进行培训。对于入选的员工，进行TTT培训，提升授课能力和编写课程的能力。

（4）进行试讲。培训之后，候选讲师需要编写课件，人力资源部审核把关，然后组织试讲，请评委打分评价。

（5）认证审核。综合评委的意见，确定聘用人员，报公司领导审批通过之后，向通过人员颁发讲师证书。

三、课程建设

根据课程体系的课程内容，人力资源部在年初的时候，需要制订当年的培训计划。

培训计划的制订，应该做好以下几点：

（1）确定所有课程内容

在年初的时候，就要确定全年的课程内容，包括课程名称、课程主题、课程课件等，由培训专员统一收集。

（2）确定培训时间和地点

所有培训的时间和地点，都应该提前确定，人力资源部需要根据培训时间和地点，提前做好准备工作，如果有变动，要提前通知所有员工。

（3）确定所需要的具体费用

一场培训需要哪些费用，人力资源部要提前申请，以保证培训按时举行。

培训实施建设

一般来说，公司级的培训计划由人力资源部组织实施，人力资源部应根据培训计划，提前三天通知各部门负责人及培训员工。

部门级培训由各部门自行组织实施，但需做好培训签到，后期交人力资源部备案。

外部培训的实施，须由各部门事前提出申请，经批准后方可实施。

各部门应对员工已有的技能与工作岗位所要求的技能进行比较评估，找出差距，以确定该员工培训方向，并指定专人实施培训指导，人力资源部跟踪监控。

培训计划执行之后，要进行培训效果评估。

培训考核分书面考核和应用考核两部分，脱岗培训以书面考核为主，在岗培训以应用考核为主，书面考核考题由各部门经理提供，人力资源部统一印制考卷；应用考核通过观察测试等手段考察受训员工在实际工作中对培训知识或技巧的应用及业绩行为的改善，由其所在部门的领导、同事及人力资源部共同鉴定。

人力资源部通过与员工、部门负责人直接交流，并制定一系列书面调查表进行培训后的跟踪了解，逐步减少培训方向和内容的偏差，改进培训方式，以使培训更加富有成效并达到预期目标。

晋升：如何快速晋升成为HR总监

大家普遍的认知里，HR总监已经算是行业专家级别。大家普遍认可的职业发展规律是：一个人从行业小白到行业专家，至少需要八年以上的时间。所以，你从业时间越长，你成为行业专家概率越高。但是，有时候，HR晋升或许并不需要那么长时间。只要方法得当，你也可以跨越时间的障碍，迅速成为人力资源的高手，并快速晋升为HR总监。

那快速晋升成为HR总监，你需要做到哪几点呢？

一、提升专业能力

首先要选定目标，逐个击破，不要贪多。比如我们可以在一个月内完成招聘模块的提升。选定了目标，我们就做好提升计划，把关于提升招聘能力的要素在表上列出来，并列出具体方法和完成截止时间，行动计划越详细，你的执行力就越大。

选定了目标，第二步要舍得投资我们的大脑，多参加培训。现在很多地方有很多免费的沙龙，尽量多参加，跟不同的高手过招，你会成长得更快。

第三步，我们要做做有技术含量的事情，就是运用在书中学到的工具和方法去做事情。比如招聘，在平时工作中多用测评工具，多用面试工具，尽量不要只靠自己的判断，久而久之，你就能成为招聘的专家了。

最后一步就是学会分享。现在分享的机会很多，例如QQ群会有很多问题，试着去回答，不会的就查资料，也可以在网上来写总结，这些都是很好的分享方式。你认真走过的每一段路都不会白走，我相信按照这些方法坚持下去，你的人力资源专业能力一定会越来越强！

二、锻炼你的人际关系能力

要当HR总监，仅凭有专业知识是不够的，因为之后还要涉及如何在各部门推动你的工作。人际交往能力也是作为HR总监的必备能力。

当你升上中高层，你面临的最重要的事情就不再是执行了，而是学会如何跟老板以及各部门负责人打交道。

管理学中有一个基本原理就是层级原理——不同层级有不同层级的能力要求。管理能力一共有三种，第一种技能是业务技能，譬如流程管控，统称操作能力；第二种技能叫人际交流技能，譬如沟通能力、谈判能力、新闻发布能力以及亲和力，统称人际关系管理能力；第三种是概念技能，就是概括能力、抽象总结能力、高瞻远瞩的能力、发现问题和提出问题的能力，统称宏观管理能力。到了中高层，人际关系管理能力和宏观管理能力就显得特别重要。

如何提升人际关系管理能力？我觉得可以从学会赞美开始。如果问这个世界最高效的社交武器是什么，那就是赞美。为什么说赞美是最高效的社交武器呢？因为没有人不喜欢赞美。喜欢被赞美，是刚需。

那该怎么去赞美一个人呢？

（1）赞美对方最爱的东西

比如，如果你遇到一个有孩子的妈妈，那孩子肯定是她的最爱。那你赞美她的孩子一定没有错。比如，赞美孩子聪明、可爱等。

（2）赞美对方身上最大的亮点

比如，对方戴了一个手表，那你可以赞美对方戴上手表后很有气质。

（3）赞美对方身边的事物

比如，你去到一个人的办公室，看到对方办公室的书籍，你可以赞美对方是个喜欢读书的人。

三、在人力资源领域钻研下去

在一家公司，总监一般都已经是这个领域的专家级别。所以如果你要做到公司的总监，你首先需要让自己在这个领域达到专家级别。成为专家，你需要在人力资源领域钻研下去。

HR是一个跳槽率很高的职业，跳槽的标准有很多，其中一个大的标准是，跳槽真正帮助到了你的发展。很多人因为压力，因为环境不好跳槽，所以工作不到一年就跳槽了，这样对你的职业发展很不利。如果跳槽，你要问问自己是不是真的是因为发展而跳槽，而不是因为事情多、压力大。

你现在要做的，是月时间来给自己加分，循序渐进比大跃进更适合你。你可以用两年的时间当上经理，然后再用两年的时间当上HR总监。或许，这样的职业规划更适合你。

四、最好在本企业晋升

做过招聘工作后，你会发现，现在每家公司的招聘总监都有相关的管理经验。所以，如果你没有经验，你出去外面应聘成功的概率为0。甚至连面试的机会都没有。

在企业内部，管理岗位如果不需要任何经验，那意味着他们往往将机会留给了内部员工。所以对你来说，最好的办法是留在企业安心沉淀自己，寻求晋升机会。

如果你现在的企业没有晋升空间，对你来说最好的办法是，先让自己在专业技能方面变得更强，然后跳槽到别的企业，晋升为HR总监。

五、遇到一位贵人

曾经有朋友问我，一家好公司和一位好领导，选哪个？我毫不犹豫告诉他——好领导。为什么呢？

因为好公司可能是一时的，但好领导却可能是一生的。

当然两者都满足最好。但如朱只能选择其中一种，那就选一个好领导。

　　什么是好领导？我觉得应该有两个优秀的特质，第一点是专业过硬，第二点是愿意给下属机会。能够做到以上两点的领导，希望你好好珍惜。

　　做好以上五点，我相信你的职业发展就会很快，晋升HR总监不是梦！